FP教本

ライフプラン・資金計画

目　次 contents

第1章　FPと倫理・関連法規

第1節　ファイナンシャル・プランニングと倫理

第2節　ファイナンシャル・プランニングと関連法規

第2章　昨今の日本を統計から見る

第3章　ライフプランニング

第1節　ライフプランニングの手法

第5章　ローンとカード

第1節　ローンとカードの仕組み

第2節　クレジットカード

第3節　デビットカードと電子マネー

第4節　消費者向けローンとローンカード

第6章　中小法人の資金調達

第7章　提案書の作成

第 1 章

FP と倫理・関連法規

第**1**節

ファイナンシャル・プランニングと倫理

　現在、「FP業法」といったファイナンシャル・プランニング業務を規定する法令は存在しないが、顧客からの信頼を得て業務を遂行するためには当然、個々のFPに高い職業倫理が要求される。

　FPに必要とされる職業倫理は以下のとおりである。

① **顧客利益の優先**

　FPはプランニングにあたって、顧客の利益を最優先すべきであり、決してFP自身の利益または第三者の利益を優先してはならない。

　たとえば、生命保険の販売資格のあるFPが、自らが取り扱っている生命保険商品を販売して手数料収入を得たいがために、顧客の利益を無視してプランニングを行い、その生命保険商品の販売を行うような行為は厳に慎まなければならない。この「顧客の利益」には、顧客が最も好ましいと考える、あるいは顧客のニーズに適合した、実行しやすいプランであることも含まれており、逆に顧客にとってデメリットになることの理解も含まれている。

② **守秘義務の遵守**

　FPは職務上知り得た顧客に関する個人情報を、原則として顧客の承諾（同意）なく第三者に漏らしてはならない。FPはおのずと顧客のプライバシーに関わる情報を知りうる立場にある。その情報が顧客の意に反して漏れた場合、顧客とFPの関係が破綻するばかりでなく、損害賠償責任を負うことになる場合もある。ひいてはFP全体に対する信頼の失墜につながるため、職務遂行上、十分に留意する必要がある。たとえば、相談に際して顧客から提示された資料は、必ず顧客に返すとともに、写しをとる場合はあらかじめ顧客の同意を得ることが必要である。

　また、2005年4月に「個人情報の保護に関する法律」が全面施行され、2015年に法改正（5,000人要件の撤廃など）が行われたことからも、個人情報を保有する企業に勤めるFPは、特に個人情報の適切な保護と利用が求められる。

　さらに、行政手続における特定の個人を識別するための番号の利用等に関する法律（個

人番号法）が施行され、2016年1月1日から金融機関においても個人番号（マイナンバー）の利用が開始された。金融機関に勤務するFPは顧客の個人番号を知る機会もあると予想されるが、個人番号をその内容に含む個人情報（特定個人情報）については、一定の者以外の者が収集・保管することが禁じられている。金融機関に勤務していないFPは上記の一定の者に該当しない可能性が高いことに注意が必要である。また、金融機関に勤務するFPであっても、特定個人情報の提供を受けることができるのは個人番号利用事務（預金口座開設等）を処理するために必要な場合などに限られていることに留意しなければならない。

③ 顧客に対する説明義務（アカウンタビリティ）

FPは、プランニングや商品販売にあたって、顧客が適切な情報に基づいて意思決定できるよう、顧客に十分に説明する必要がある。2001年4月に「金融サービス提供法（旧「金融商品販売法」、以下同じ）」と「消費者契約法」が施行されており、特に金融機関に所属するFPは、顧客が金融商品の購入等に際し適切な判断が下せるよう、法が要請する重要事項等を正確に顧客に伝えることが求められる。また、独立系のFPにおいてもプランニングや相談業務等で、提供するサービスの内容等について顧客に説明する必要がある。

金融サービス提供法においては、適合性の原則の考え方が取り込まれ、重要事項の説明は「顧客の知識、経験、財産の状況及び当該金融商品の販売に係る契約を締結する目的に照らして、当該顧客に理解されるために必要な方法及び程度によるものでなければならない」とされたことに注意する必要がある。また、金融商品販売業者等が、「顧客に対し、当該金融商品の販売に係る事項について、不確実な事項について断定的判断を提供し、又は確実であると誤認させるおそれのあることを告げる行為（断定的判断の提供等）を行ってはならない」とされ、重要事項の説明義務を果たしたとしても、断定的判断の提供等があれば、金融商品販売業者等は損害賠償責任を負うことになる。

④ コンプライアンス（法令遵守）の徹底

コンプライアンスの徹底も、FPにとっては必須である。FPが遵守すべき法令として、上述の金融サービス提供法などのほか、著作権法が挙げられる。FPは他人の著作物について著作権を侵害することのないよう気をつけながら業務を遂行する必要がある。ただし、法令、条例、通達、判決などは著作権がないことから、自由に引用することができる。また、税理士法や弁護士法など各種業法に違反して、当該専門分野の専門家の領域を侵してプランニングをすることは厳に慎まなければならない。その他、金融商品取引法、銀行法等の業法や刑事法令等の一般法令を遵守すべきことはいうまでもない。

⑤ 能力の啓発

　FP業務の対象が幅広く、顧客のニーズも多岐にわたるため、FP業務上必要とされる専門知識、スキルは広範にわたる。しかも、グローバル化に伴って大きな社会・経済変動が生じている昨今においては、法令や各種商品知識の取得、継続的な更新が不可欠である。万一、陳腐化した知識に基づいたプランニングを行えば、まったく無意味なものになる可能性があるばかりか、誤情報を提供した結果、顧客に損害を与えてしまうおそれもある。したがって、FPは専門知識、技能に関して自己啓発を怠ってはならない。

実務上のポイント

・FPはプランニングにあたって、顧客の利益を最優先にすべきであり、決してFPの利益を優先してはならない。
・FPは職務上知り得た情報を、顧客の同意なく第三者に漏洩してはならない。
・FPはプランニングや商品販売にあたって、顧客が適切な情報に基づいて意思決定できるよう、顧客に十分に説明する必要がある。

第2節
ファイナンシャル・プランニングと関連法規

① 税理士法

(1) 税務代理行為、税務書類の作成、税務相談

　FP は顧客の収入、支出、資産、負債などに関するあらゆるデータを集め、包括的なライフプランを提案し、それを実行・援助する専門家であるから、ライフプランを提案・実行する際、税金の分野を無視することはできない。他方で、税務の専門家である税理士が存在しており、その職域は税理士法で確立されている。そのため、税理士業務の内容を十分認識しておかなければならない。

　税理士法 2 条 1 項は「税理士は、他人の求めに応じ、租税に関し、次に掲げる事務を行うことを業とする」と規定し、同項 1 号において、租税法令等に基づく申告等について代理もしくは代行する等の税務代理行為、同項 2 号で税務書類の作成、同項 3 号で税務相談、および 2 項で税理士業務の付随業務を掲げている。

　したがって、これらの事務が税理士の専門職域となる。ちなみに税理士法52条には「税理士又は税理士法人でない者は、この法律に別段の定めがある場合を除くほか、税理士業務を行ってはならない」と定めている。違反すると 2 年以下の懲役または100万円以下の罰金に処せられる可能性がある。

(2)「業として行う税務相談」の範囲

　ファイナンシャル・プランニング業務との関係で問題が生じるのは、「業として行う税務相談」である。ファイナンシャル・プランニング業務では、顧客から税金の相談を受け、その回答を必要とする場合が頻出する。この相談行為（有償無償を問わない）が税務相談に抵触するおそれがある。

注 日本税理士会連合会（以下、「日税連」という）によると、「『業とする』とは、税務代理、税務書類の作成又は税務相談を反復継続して行い、又は反復継続して行う意思をもって行うことをいい、営利目的の有無ないし有償無償の別は問わないこととされており（基本通達2－1）、判例でも同様に解されている」（「新税理士法」税務経理協会刊・日税連編）。また、『税務相談』とは、税務官公署に対する申告等、税務官公署に対してする主張もしくは陳述又は申告書等の作成に関し、租税の課税標準等の計算に関する事項について相談に応じることをいう。（中略）『相談に応ずる』とは、具体的な質問に対して答弁し、指示し又は意見を表明することをいうものであり（基本通達2－6）、単に仮定の事例に基づき計算を行うことまでは含まれない。また、一般的な税法の解説も税務相談には該当しない」（同書）とされている。

これら日税連の見解によれば、税理士ではないFPが、FPだけの資格に基づいてする税の相談は、顧客のデータを参考にしつつ、具体的な数値を離れた事例に引き直し、その事例に基づいて抽象的な税のプランニングを行うことのみが可能ということになる。顧客の要望に応えようとして、具体的な税務相談を行い税理士法に違反することは必然的にFPの信頼を失うことになるので留意すべきである。また、必要に応じて、ファイナンシャル・プランニング業務を理解している税理士と協働できる体制を構築しておくことが重要である。

❷ 保険業法

（1）保険募集人

FPがプランニングを作成・立案する際、保険商品（生損保商品）を組み入れて提案・実行する場合が多い。なお、保険業法は、保険加入者を保護して業務の適正を図るために、免許制を採用するとともに、保険事業専業主義を採用するなど、業務内容が制限されている。

したがって、生命保険募集人、損害保険代理店または少額短期保険募集人（特定少額短期保険募集人を除く）（以下、「保険募集人」という）ではないFPは、保険業法の規制内容を十分に把握する必要がある。また、保険募集人であるFPも、特に募集に際しての禁止行為について十分に理解しておく必要がある。

保険業法には、以下の規制などが存在する。
① 保険募集人について登録が義務付けられ（同法276条）、
② 保険募集人以外の者（保険募集人として登録されていない者）が加入者を募集すること、すなわち保険契約締結の「代理または媒介」行為をすることが禁止され（同法275

条1項)、
③ 保険契約の募集・勧誘に際して行われやすい不公正な行為が具体的に禁止され（同法
300条）、
④ 生命保険会社については、登録された自社の生命保険募集人以外の者に募集を委託す
ること等が禁止され（同法282条1項）、
⑤ 一部の例外を除いて、保険募集の再委託が禁止されている（同法275条3項）。

（2）募集・勧誘の際の禁止行為

前記③の禁止行為の具体的内容は〔図表1−1〕のとおり定められている。
なお、保険業法では、保険会社等が投資性の強い保険（「特定保険契約」という）を販
売・勧誘する場合、金融商品取引法と同様の規制（たとえば、不招請勧誘の禁止）を受け

〔図表1−1〕保険の募集・勧誘に際する禁止行為（保険業法300条／抜粋）

	禁止行為	内容
i	虚偽事実を告げる行為、重要な事項の不告知	保険募集人が、保険契約者または被保険者（以下、「保険契約者等」）に対して「重要な事項」について虚偽の事実を告げたり、または「重要な事項」を告げない行為等は禁止される。「重要な事項」とは、保険契約締結の際に、保険契約者が合理的判断を行うために必要な事項である。
ii	告知義務違反を勧める行為	保険募集人が保険契約者等に対して重要な事実について虚偽のことを告げることを勧める行為は禁止される。
iii	告知義務の履行を妨げる行為等	保険募集人が保険契約者等に対して重要な事実を告げるのを妨害したり、不告知を勧めた場合は、告知義務違反を理由に保険契約を解除することはできない。
iv	不利益事実を告げずにする乗換行為	保険募集人が不利益となるべき事実を告げずに既契約を消滅させ、新契約の申込みをさせる行為は禁止される。たとえば、一定金額の金銭を解約控除等として保険契約者が負担する場合があることや、被保険者の健康状態悪化等のため、新たな保険契約を締結できない場合があること等を具体的に説明する必要がある。
v	特別利益提供	保険募集人が、保険契約の締結または募集に関して、保険契約者等に対して保険料の割引等の利益の提供を約束・提供する行為は禁止される。
vi	誤解を生じさせるおそれのある比較	他の保険の契約内容と比較する際に、当該商品の有利な部分のみを取り上げて説明したり、具体的情報を提供せずに誹謗中傷するような行為は禁止される。
vii	保険契約者等の保護に欠けるおそれがあるものとして内閣府令で定める行為	保険契約者等を威圧したり、業務上の地位を不当に利用して保険申込みをさせる等の行為は禁止される。

ることとされている。

❸ 弁護士法

(1) 弁護士法の規定

　たとえば、顧客の抱える債務に関する相談（個人であれば住宅ローン、あるいは経営者であれば金融機関からの融資など）があった場合に、その整理方法・手段等の示唆を与えるとすれば、それは顧客の権利義務に関する事項になる。また、顧客に相続問題が発生し、遺言書の作成や遺産分割方法等について相談を受けたり直接関与するような場合にも、当該顧客の権利義務に関与してよいかという問題がある。

　この点、弁護士法は「弁護士は、当事者その他関係人の依頼又は官公署の委嘱によって、訴訟事件、（中略）その他一般の法律事務を行うことを職務とする」（3条）、「弁護士又は弁護士法人でない者は、報酬を得る目的で訴訟事件、（中略）その他の法律事務を取り扱い、又はこれらの周旋をすることを業とすることができない。ただし、この法律又は他の法律に別段の定めがある場合は、この限りでない」（12条）と規定している（以下、弁護士でない者を「非弁」という）。

(2) 広い概念の「一般の法律事務」

　ファイナンシャル・プランニング業務上、弁護士法との関係で問題となりうるのは、「一般の法律事務」についてである。「一般の法律事務」については、弁護士と司法書士との業際問題の判例（埼玉司法書士会職域訴訟事件・平成7年11月29日東京高裁判決）がある。

　この判例は、
① 弁護士の職務は、昔から不動産登記および商業登記、その他裁判外の「一般の法律事務」に及んでいたこと
② 最高裁判例が既に、「弁護士は、基本的人権の擁護と社会正義実現を使命とし、広く法律事務を行うことをその職務とするものであって、そのために弁護士法には厳格な資格要件が設けられ、かつ、その職務の誠実適正な遂行のため必要な規律に服すべきものとされるなど、諸般の措置が講じられている」と論じていることに鑑み、「一般の法律事務」とは、広く法律事務全般を指しているとの判断を示した。また、以上の事実から、

法律事務の一分野に属する登記申請代理行為が、「一般の法律事務」として、弁護士の職務領域に含まれることも明らかであると判示した。

以上からも明らかなとおり、弁護士の職域は、具体的権利義務関係全般にわたる非常に幅広いものである。したがって、前述の顧客の債務整理や、遺言書・遺産分割等、あるいはこれらの分野の具体的な法律相談（顧客または顧客と利害関係を有する者の具体的権利義務に関する相談）は、弁護士の職域であるといわざるを得ない。

弁護士の職務について上記②に述べられていることからすると、たとえ FP が債務整理等に堪能であったとしても、実際に相談に乗ったり実行したりすれば、弁護士法72条違反の非弁行為であると判断される。

それを避けるためには、ファイナンシャル・プランニング業務を理解する弁護士と協働するしかない。たとえば、遺産分割の問題が生じた際には、相続に関する一般的な説明はFP が行い、債権債務関係の処理は弁護士に委ねるといった方途が考えられる。

❹ その他の独占業務

(1) 社会保険労務士

社会保険労務士の独占業務として、業として行う事務であって、労働社会保険諸法令に基づく「申請書等の作成、その提出に関する手続の代行」「申請等の代理」「帳簿書類の作成」等が、社会保険労務士法2条で定められている。ただし、社会保険労務士でない者が「年金の受給見込額を試算すること」を行っても、社会保険労務士法には抵触しない。

(2) 司法書士

司法書士の（有償・無償を問わない）独占業務として、「登記・供託に関する手続の代理」「法務局又は地方法務局に提出する書類等の作成」「登記又は供託に関する審査請求の手続の代理」「筆界特定手続（土地の一筆ごとの境界を決定する行政上の手続）の提出書類作成」およびこれらの「事務の相談に応ずること」が、司法書士法で定められている。また、法務大臣の実施する簡裁訴訟代理能力認定考査で認定を受けた司法書士は、簡易裁判所における一定の訴訟代理等を行うこともできる（同法3条）。

ただし、司法書士でない者が「遺言作成の証人となる」ことや「任意後見人となる」ことを行っても、司法書士法には抵触しない。

(3) 宅地建物取引士

「宅地・建物の売買・交換、売買や交換・賃貸借の媒介の対象業務」における重要事項説明および35条・37条書面の記名は、宅地建物取引士が行うことが宅地建物取引業法で定められている。

(4) 不動産鑑定士

不動産鑑定士の独占業務として、報酬を得て業として行う「不動産の鑑定評価」が、不動産の鑑定評価に関する法律で定められている。

(5) 土地家屋調査士

土地家屋調査士の独占業務として、「他人から依頼を受けて、土地や建物の所在・形状・利用状況等を調査し、図面の作成や不動産の表示に関する登記の申請手続などを行うこと」等が、土地家屋調査士法で定められている。

❺ 関連法規

(1) 消費者契約法

消費者契約法は、消費者と事業者との間に存在する、契約取引等に関する構造的な情報の質、量や交渉力の格差に鑑み、事業者の勧誘時の行為によって消費者が誤認、困惑した場合に契約の取消しができるとするとともに、消費者の利益を不当に害することとなる条項を無効とすることを規定している。

ここでいう「事業者」とは、営利を目的とする事業に限らず、「自己の危険と計算によって、一定の目的をもって同種の行為を反復継続的に行うものを広く対象とし、社会通念に照らし、客観的に事業の遂行とみることができる程度のものをいう」。つまり、法人はすべて「事業者」に含まれ、個人でも、事業としてまたは事業のために契約の当事者となる場合は「事業者」に含まれる。

① 契約の取消し

消費者契約法では、事業者と消費者間で締結された契約が取り消される場合が、以下のとおり規定されている。

a．事業者が重要事項について事実と異なることを告げ、消費者が当該告げられた内容が事実であると誤認し、それによって当該消費者契約の申込みまたはその承諾の意思表示をした場合（不実告知）

b．事業者が将来における変動が不確実な事項について断定的判断を提供し、消費者が当該提供された断定的判断の内容が確実であると誤認し、それによって当該消費者契約の申込みまたはその承諾の意思表示をした場合（断定的判断の提供）

c．事業者が、消費者にある重要事項等について消費者の利益となる旨を告げ、かつ、当該重要事項につき消費者に不利益となる事実を、故意または重大な過失により告げなかったことによって、消費者が当該事実が存在しないとの誤認をし、それによって当該消費者契約の申込みまたは承諾の意思表示をした場合（不利益事実の不告知）

d．事業者が勧誘をするに際し、消費者に対して下記に掲げる行為をしたことにより当該消費者が困惑し、それによって当該消費者契約の申込みまたはその承諾の意思表示をした場合（困惑類型）

● 消費者の住居等からの事業者の不退去・勧誘場所への消費者の監禁
● 消費者の社会生活上の経験不足の不当な利用があった場合として、不安をあおる告知および恋愛感情等に乗じた人間関係の濫用
● 消費者の加齢等による判断力の低下の不当な利用
● 霊感等による知見を用いた告知
● 契約締結前に契約により事業者が負うことになる債務の内容を実施等

e．事業者が消費者契約の締結について勧誘をするに際し、物品、権利、役務その他の当該消費者契約の目的となるものの分量、回数または期間（分量等）が当該消費者にとっての通常の分量等を著しく超えるものであることを知っていた場合（過量な内容の契約）

ここでいう「重要事項」とは、社会通念上、消費者契約締結時に契約を締結しようとする一般平均的な消費者が、契約を締結するか否かの判断を左右すると客観的に考えられる契約の基本的事項を指し、下記が列記されている。

● 物品、権利、役務その他の当該消費者契約の目的となるものの質、用途その他の内容であって、消費者の当該消費者契約を締結するか否かについての判断に通常影響を及ぼすべきもの
● 物品、権利、役務その他の当該消費者契約の目的となるものの対価その他の取引条件であって、消費者の当該消費者契約を締結するか否かについての判断に通常影響を及ぼすべきもの

- その他、物品、権利、役務その他の当該消費者契約の目的となるものが当該消費者の生命、身体、財産その他の重要な利益についての損害または危険を回避するために通常必要であると判断される事情

上記取消事由はいずれも、従前の判例で損害賠償が認められてきた類型であり、取消しだけでなく損害賠償の請求も妨げられない。

なお、取消権行使期間は、「追認をすることができる時」、すなわち誤認に気づいた時もしくは困惑を免れた時から1年（霊感商法等は3年）または契約締結時から5年（霊感商法等は10年）とされている。

② 契約の無効

消費者契約法では、契約の取消しとともに、事業者と消費者間で締結された契約の条項が無効となる場合等が以下のとおり規定されている。

- 事業者の債務不履行または不法行為等によって消費者に生じた損害を賠償する責任の全部または一部（ただし、一部の場合は事業者の故意または重過失によるものに限定）を免除する条項、あるいは、有償契約である消費者契約の目的物に隠れた瑕疵がある場合にその瑕疵により消費者に生じた損害を賠償する事業者の責任の全部を免除する条項、または当該事業者にその責任の有無・限度を決定する権限を付与する条項
- 事業者の債務不履行により生じた消費者の解除権を放棄させる、または当該事業者にその解除権の有無を決定する権限を付与する条項
- 消費者が後見開始、保佐開始または補助開始の審判を受けたことのみを理由とする解除権を事業者に付与する条項
- 消費者契約の解除に伴う損害賠償額を予定し、または違約金を定める条項であって、これらを合算した額が、当該条項において設定された解除の事由、時期等の区分に応じ、当該消費者契約と同種の消費者契約の解除に伴い、事業者に生ずべき平均的な損害の額を超えるものは、その超える部分
- 消費者契約に基づき支払うべき金銭の全部または一部を消費者が支払期日（支払回数が2以上である場合には、それぞれの支払期日）までに支払わない場合における損害賠償額を予定し、または違約金を定める条項であって、これらを合算した額が、支払期日の翌日からその支払をする日までの期間について、その日数に応じ、支払期日に支払うべき額から支払期日に支払うべき額のうち既に支払われた額を控除した額に年14.6％を乗じて計算した額を超えるものは、その超える部分
- 消費者の不作為をもって当該消費者が新たな消費者契約の申込みまたはその承諾の意思表示をしたものとみなす条項その他の法令中の公の秩序に関しない規定の適用によ

る場合に比して消費者の権利を制限しまたは消費者の義務を加重する消費者契約の条項であって、民法第1条第2項に規定する基本原則に反して消費者の利益を一方的に害するもの

（2）個人情報保護法

個人情報の保護に関する法律（個人情報保護法）は、「個人情報の適正な取扱いに関し、基本理念及び政府による基本方針の作成その他の個人情報の保護に関する施策の基本となる事項を定め、国及び地方公共団体の責務等を明らかにし、個人情報を取り扱う事業者及び行政機関等についてこれらの特性に応じて遵守すべき義務等を定めるとともに、個人情報保護委員会を設置することにより、行政機関等の事務及び事業の適正かつ円滑な運営を図り、並びに個人情報の適正かつ効果的な活用が新たな産業の創出並びに活力ある経済社会及び豊かな国民生活の実現に資するものであることその他の個人情報の有用性に配慮しつつ、個人の権利利益を保護することを目的とする」法律である。個人情報保護法は、3年ごとに制度の見直しが行われ、改正法が2022年4月1日に施行された。

個人情報保護法は、その対象を「個人情報」「要配慮個人情報」「個人データ」「保有個人データ」に分類し、個人情報取扱事業者に対する法律上の義務を定めている。

さらに、「金融分野における個人情報保護に関するガイドライン」によれば、個人情報取扱事業者は顧客に対し個人資産等の顧客情報の利用目的を特定したうえで書面等で明示しなければならず、あらかじめ本人の同意を得ないで利用目的達成に必要な範囲を超えて顧客情報を利用してはならない。

また、顧客情報漏洩防止のために適切な安全管理措置を取らねばならず、原則として、顧客の同意を得ないままに顧客情報を第三者に提供してはならない。

いわゆるオプトアウト規定を利用する個人情報取扱事業者は所定事項を個人情報保護委員会に届け出ることが義務付けられている。

① 個人情報

個人情報とは、「生存する個人に関する情報」であって、「当該情報に含まれる氏名、生年月日その他の記述等により特定の個人を識別することができるもの」または「個人識別符号が含まれるもの」を指す。いわゆるプライバシーに関する事項（病歴など）だけでなく、住所、氏名、生年月日などの特定の個人が識別可能なものはすべて、個人情報に該当する。個人識別符号とは、当該情報単体から特定の個人を識別できるものとして政令に定められた文字、番号、記号その他の符号を指し、指紋や住民票コード等がこれに当たる。個人情報取扱事業者は、取り扱う個人情報の利用目的をできる限り特定し、その利用目的

の達成に必要な範囲内で取り扱わなければならず、また、個人情報を不正な手段により取得してはならない。

② 要配慮個人情報

要配慮個人情報とは、「本人の人種、信条、社会的身分、病歴、犯罪の経歴、犯罪により害を被った事実その他本人に対する不当な差別、偏見その他の不利益が生じないようにその取扱いに特に配慮を要するものとして政令で定める記述等が含まれる個人情報」を指す。要配慮個人情報の取得や第三者提供については、通常の個人情報についてよりも厳格な規律がなされている。

③ 個人データ

「個人データ」とは、「個人情報データベース等を構成する個人情報」のことである。「個人情報データベース等」とは、電子データによるコンピューター処理情報に限定されず、紙媒体によるアナログ情報でも個人情報を容易に検索できるものも含まれる。個人情報取扱事業者は、個人データについて利用目的の達成に必要な範囲内で正確かつ最新の内容を保つように努めるべきであり、安全管理のために必要な措置、従業員や業務委託先に対する必要な監督義務も課せられている。そして利用する必要がなくなったときは、当該個人データを遅滞なく消去するよう努めなければならない。また、原則として、本人の同意を得ずに個人データを第三者に提供してはならない。なお、個人情報取扱事業者が第三者から個人データの提供を受ける際、原則として提供者の氏名、個人データの取得経緯を確認したうえ、その内容の記録を作成し、一定期間保存することが義務付けられている。

④ 保有個人データ

「保有個人データ」とは、「個人情報取扱事業者が開示、内容の訂正、追加または削除、利用の停止、消去及び第三者への提供の停止を行うことのできる権限を有する個人データ」である。ただし、本人または第三者の生命・身体・財産に危害が及ぶおそれがあるもの等「その存否が明らかになることにより公益その他の利益が害されるものとして政令で定めるもの」は除外される。個人情報取扱事業者は、保有個人データにつき、本人からの請求により、利用目的の通知、開示、訂正、利用停止等を行うことが求められる。本人から開示請求があった場合、個人情報取扱事業者は、当該措置の実施に関して、手数料を徴求することができる。

⑤ 個人情報取扱事業者

「個人情報取扱事業者」とは、個人情報データベース等を事業の用に供しているすべての者である。ただし、国の機関や地方公共団体等は個人情報取扱事業者から除外される。

(3) 犯罪収益移転防止法

　犯罪による収益の移転防止に関する法律（**犯罪収益移転防止法**）は、犯罪組織等によるマネーロンダリング（資金洗浄）の防止を目的とする法律である。

　犯罪収益移転防止法において、取引時確認、取引時確認記録・取引記録の作成・保存および疑わしい取引の届出が義務付けられる事業者の範囲は、金融機関等に加えファイナンスリース事業者、クレジットカード事業者、宅地建物取引業者、宝石・貴金属等取扱事業者、郵便物受取サービス業者、電話受付代行業者なども含まれる。

　同法では、金融機関等が顧客等との間で預貯金口座の開設や大口現金取引等を行う際に、顧客の氏名、住所、生年月日（顧客が法人の場合は名称、本店等の所在地）の本人特定事項に加え、取引を行う目的、顧客の職業（個人の場合）・事業の内容（法人の場合）、顧客が法人である場合において、その事業経営を実質的に支配することが可能となる関係にある者がいる場合には、その者の本人特定事項を、運転免許証その他の公的書類の提示を求める等の方法によって確認すること（取引時確認）と、取引時確認および取引に係る記録を作成し、顧客との取引関係の終了時から7年間保存することを義務付けている（取引時確認記録・取引記録の作成・保持）。また、顧客に対しても、金融機関等が取引時確認を行う際に虚偽を申し立てることを禁止している（虚偽申告の禁止）。なお、2020年4月1日より、本人特定事項の確認が厳格化されている。

　さらに、**10万円を超える現金**送付等を行う際に、金融機関等に対して送付人の**取引時確認**等の実施も義務付けている〔図表1－2〕。

　また、マネーロンダリングのリスクの高い取引（ハイリスク取引）には、厳格な確認が必要とされ、200万円を超える財産の移転を伴う取引の場合は、資産および収入の状況の確認も必要とされている。

〔図表1－2〕10万円を超える振込の取扱い

現金での振込	ATM	振り込めない
	窓口	振り込めるが、運転免許証、健康保険証などの本人確認書類の提示が必要
預貯金口座からの振込	ATM	振り込めるが、口座開設時に取引時確認の手続が済んでいない場合は振込ができないことがある
	窓口	

(4) 金融商品取引法

　金融商品取引法の目的は、金融・資本市場を取り巻く環境の変化に対応して、投資者保護の横断的な法制を整備することで利用者保護ルールを徹底し、利用者の利便を向上させるとともに、「貯蓄から投資」に向けての市場機能を確保し、金融・資本市場の国際化への対応を図ることにある。

① 一般投資家と特定投資家

　金融商品の内容や取引に詳しくないと想定される一般投資家と、プロである特定投資家に応じて異なる規制が設けられている。一般投資家に対する販売・勧誘の際に適用される広告等規制（利益見込み等が著しく事実に相違する表示をすること等を禁止）、**書面交付義務**（契約締結前、契約締結時等）、**適合性の原則**（顧客の知識、経験、財産の状況および契約を締結する目的に照らして不適当と認められる勧誘を行ってはならないという原則）および不招請勧誘等の禁止規定は、**特定投資家**に対しては**適用されない**。

② 開示義務

　金融商品取引法は、企業内容に係る報告書の継続開示を上場企業に対する法律上の義務と規定した。また、投資者保護の徹底と証券市場に関する国民の信頼を保護するため、インサイダー取引や有価証券報告書等の虚偽記載、あるいは「見せ玉」（売買が頻繁に行われているように見せかけるため架空の注文を出し、約定が成立しそうになると取り消すこと）等に対して罰則を設けている。

　上場している企業は、継続開示企業として財務情報を開示している。これらには、株主に送られる営業（事業）報告書や新聞に公告される決算情報等があり、金融庁（「EDI-NET」）、各金融商品取引所（東証の場合は「上場会社情報サービス」）や日本証券業協会（「適時開示情報閲覧サービス」）および発行会社のホームページにも掲載されるので、インターネットを利用して入手することも可能である。また、株式の公募や売出しが行われる場合には、有価証券報告書が内閣総理大臣に提出され、これに基づく目論見書による企業情報開示および投資勧誘が行われる。

③ インサイダー取引の禁止

　上場企業と一定の関係がある者（取締役等）を公開される前の企業情報を入手できる可能性のある者として内部者（インサイダー）と称する。これらの者が公開前の企業情報に基づく投資を行うことは、内部者取引（インサイダー取引）として規制されている。インサイダー取引に当たるかどうかは取引による利益の額や損失にかかわらず判断される。

　発行会社の役職員等の会社関係者等（会社関係者でなくなって**1年**以内の者を含む）が

その立場において知り得た重要事実（募集株式等の募集等の決定事実、上場廃止等の原因となる事実等の発生事実、業績予想等の決算情報、その他会社の運営または業務もしくは財産に関する投資者の判断に影響を及ぼす情報）に基づいて株式等を売買すると、一般の投資者はきわめて不利な状況下に置かれることになる。そこで、**金融商品取引法**では、投資家の信頼確保と証券市場の健全性確保等を目的として、内部者の立場で知り得た重要事実に基づく有価証券の売買を**禁止**している。

これに違反すると、5年以下の懲役または500万円以下の罰金、もしくは、その両方が科され、その取得した財産は没収されることになる。法人がそのような有価証券の売買を行った場合には5億円以下の罰金が科せられる。また、刑事罰のほかに、行政上の措置としての課徴金がインサイダー取引に課せられる。

インサイダー取引の規制対象は〔図表1-3〕のとおりである。

ただし、次のいずれかの方法により重要事実が公表されることにより、インサイダー取引規制上の重要事実ではなくなる。

a．発行会社の代表取締役等が、2つ以上の報道機関に公開してから12時間以上経過
b．所定の手続に基づき上場する金融商品取引所の運営するホームページに掲載
c．有価証券報告書、半期報告書、臨時報告書、訂正報告書等が公衆縦覧

なお、原則として、役職員等に割り当てられた新株予約権（ストックオプション）の行使による株式の取得、従業員持株会を通じた株式の取得、株式累積投資契約に基づく株式の取得（金額等の変更を除く）、無償で行われる贈与や相続による上場株式の取得は、インサイダー取引には該当しない。ただし、新株予約権（ストックオプション）の行使により取得した株式を売却することは、インサイダー取引に該当する。

〔図表1-3〕インサイダー取引の規制対象

規制対象となる有価証券	・株式 ・新株予約権付社債（転換社債型新株予約権付社債） ・新株予約権証券（ワラント）・他社株交換可能社債（EB） ・普通社債^(※) 等
規制対象となる会社関係者および情報受領者	・発行会社の役職員（パートおよび派遣職員を含む） ・上場会社等の帳簿閲覧権を有する株主や社員 ・関係会社、関係会社の役員、元会社関係者（会社関係者でなくなった後1年以内の者） ・発行会社と契約を締結している者（取引銀行、公認会計士、引受証券会社、取引先、弁護士、通訳など）または締結交渉中の者 ・上記の会社関係者から重要情報を受領した者（第一次情報受領者） 等

（※）普通社債については、一定の重要事実に限る。

④ 投資助言・代理業、投資運用業に関するコンプライアンス

FP のプランニングのうち金融資産の運用設計、とりわけ有価証券を用いた資産のプランニングを行う際は、投資助言・代理業、投資運用業との境界を考える必要がある。金融商品取引法は、金融商品取引業者として登録を受けずに投資助言・代理業や投資運用業を行うことを禁じており、登録を受けていない FP は同業を営むことはできない（違反すると、**5 年以下の懲役**または**500万円**以下の**罰金**）。

たとえば、投資助言・代理業について、金融商品取引業者の登録を受けていない FP が顧客から有価証券投資について相談を受けて助言を行った場合、同助言は、「有価証券の経済的価値を分析した結果、それを前提としてなされた顧客の判断に関する助言」と評価され、金融商品取引法違反となる可能性がある。

なお、投資運用業は相当な財産的規模と相応のファンドマネジャーが存在する株式会社でなければ事実上行うことは難しく、個々の FP が取り扱える分野ではない。

⑤ 有価証券の売買等に関するコンプライアンス

金融商品取引法においては、証券会社や登録金融機関業務を行う金融機関（またはその役員もしくは使用人）に対し、有価証券の売買等の取引に関連し、その価格が騰貴または下落するといった断定的判断の提供等による勧誘の禁止や有価証券の買付等について、顧客の知識、経験、財産の状況および金融商品取引契約締結の目的に照らして不適当と認められる勧誘を行うことのないように求める適合性の原則が定められている〔図表 1 − 4〕。

⑥ 金融 ADR 制度

ADR とは、裁判外紛争解決制度の略称であり、訴訟手続に替わるあっせん、調停、仲裁等、当事者の合意に基づく紛争解決方法である。

a．金融 ADR 制度の目的・特徴

金融 ADR 制度の目的は、金融商品・サービスに関する苦情処理・紛争解決を行う法人・団体を主務大臣が指定し、紛争解決の中立性・公正性を確保しつつ、金融商品取引業者等に手続応諾や和解案の受諾等の対応を求め、業態ごとの紛争解決の実効性を確保することである。具体的には、以下の点に特徴がある。

- 行政庁は民間の法人・団体を紛争解決機関として指定・監督し、金融商品取引業者等は手続実施基本契約の締結義務を負う
- 金融商品取引業者等との間で生じたトラブル（「紛争解決」だけでなく「苦情処理」についても対象）について、利用者が紛争解決の申立てを行う
- 金融商品取引業者等は、申立てがあれば手続の応諾をしなければならない
- 指定紛争解決機関の委員が紛争解決手続を実施し、一定の拘束力をもった和解案（特

〔図表1－4〕金融商品取引業者等が有価証券の販売や勧誘を行う際に遵守すべき主な行為

広告等規制	広告等には、金融商品取引業者等の名称および登録番号、手数料等、元本損失または元本超過損が生ずるおそれがある旨、その原因となる指標およびその理由、重要事項について顧客の不利益となる事実などを記載する。
契約締結前の書面交付義務	金融商品取引契約を締結しようとするときは、あらかじめ顧客に対し、重要事項を記載した契約締結前交付書面を交付する。
契約締結時の書面交付義務	金融商品取引契約が成立したときは、遅滞なく、契約締結時交付書面を交付する。
不招請勧誘等の禁止	店頭金融先物取引契約の締結の勧誘の要請をしていない顧客に対し、訪問してまたは電話をかけて勧誘してはならないなど。
適合性の原則の遵守	顧客の知識、経験、財産の状況、投資目的に照らして不適当と認められる勧誘を行ってはならない。
損失補てん等の禁止	有価証券の売買等によって顧客に損失が生じた場合に、その損失を補てんすることを約する行為（損失保証）や損失補てんを行ってはならない。
断定的判断の提供等による勧誘の禁止	不確実な事項について断定的判断を提供し、または確実であると誤解されるおそれのあることを告げて勧誘してはならない。
クロス取引（仮装売買）の禁止	同一人が、証券取引所の立会外取引において、同一の有価証券について、同数量の買い注文と売り注文を同一価格で発注して約定させること。取引所取引におけるクロス取引は、禁止行為である仮装売買と判断されるおそれがある。

　別調停案）を提示することができる
●金融商品取引業者等は、特別調停案等のもとで紛争解決を図らなければならない
　指定紛争解決機関による紛争解決手続の内容は、当事者間の和解成立前後を問わず、法令上、非公開とされている。

b．金融ADR制度による金融商品取引業者等への影響

　金融ADR制度において、金融商品取引業者等は原則として指定紛争解決機関が実施する苦情処理措置や紛争解決手続に応じ、特別調停案に拘束される。したがって、金融ADR制度は、顧客にとって、訴訟のマイナス面（立証の煩雑さ、訴訟経済および精神的負担等）から脱却でき、中立公正で実効性も担保されるADR制度として非常に有効な手段となり得る。
　また金融商品取引業者等としても、紛争解決の迅速性等では非常にメリットがあると考えられる。ただし、金融ADR制度においては、苦情処理・紛争解決への対応について、主に金融商品取引業者等と指定ADR機関との間の手続実施基本契約によって規律される

ことから、指定 ADR 機関において苦情処理・紛争解決を行う趣旨を踏まえつつ、手続実施基本契約で規定される義務に関し、適切に対応する必要がある。また、中立公正な紛争解決委員が特別調停案を提示すると、原則として、その案を受諾する義務があるため、同案を受諾する場合の速やかな履行や、これを受諾しない場合の訴訟提起等の対応等、内部管理体制を整備する必要がある。2024年 2 月現在、指定 ADR 機関として全国銀行協会、信託協会、生命保険協会、日本損害保険協会、証券・金融商品あっせん相談センターなどの機関が指定を受けている。

実務上のポイント

- FPは金融商品取引法等を遵守するほか、税理士法や弁護士法などの各種業法に違反して、当該専門分野の領域を侵してプランニングしてはならない。
- 税理士資格を有しないFPが、顧客に対し、税制の概要を説明することは可能。
- 生命保険募集人の登録を受けていないFPが、ライフプランの相談に来た顧客に対し、変額個人年金保険の商品性を説明することは可能。
- 金融商品取引業の登録を受けていないFPが、資産運用の相談に来た顧客に対し、有償の投資顧問契約を締結してはならない。
- 司法書士資格を有しないFPが、顧客の代理人（任意後見人）となることを引き受け、任意後見契約を締結しても問題はない。
- 宅地建物取引業者ではないFPは、業として、顧客の代理人という立場で顧客の宅地または建物を売買することはできない。
- 個人情報を取り扱うすべての事業者が個人情報取扱事業者として個人情報保護法が適用される。
- 個人情報保護法では、要配慮個人情報（人種、信条、病歴など本人に対する不当な差別・偏見が生じる可能性のある個人情報）の取得については、原則としてあらかじめ本人の同意を得ることが義務化されている。
- オプトアウト規定を利用する個人情報取扱事業者は、所要事項を個人情報保護委員会へ届け出ることが義務化され、個人情報保護委員会はその内容を公表する。
- 犯罪収益移転防止法では、銀行等の預金口座の開設時、証券会社の取引口座の開設時、保険契約の締結時などの取引開始時や、200万円を超える振込、10万円を超える現金送金等において取引時確認が必要とされている。
- 上場会社等の契約締結者または締結交渉中の者、会社関係者でなくなってから1年以内の者もインサイダー取引の対象となる。
- 金融ADRとは、金融商品取引において金融機関と利用者との間で苦情・紛争が発生したときに、第三者である金融ADR機関が関わり、裁判以外の方法で迅速な解決を図る制度である。

第 2 章
昨今の日本を
統計から見る

(1) 人をとりまく現状を読み解く ──────────

① 人口減少／少子高齢化

　日本は1968年に世界第 2 位の経済大国になったが、2010年以降は米国、中国に次ぐ第 3
位に下がった。今後は、インドをはじめとした新興国の経済成長や国内の少子高齢化によ
って、この順位も変化する可能性がある。実際、日本の人口の15歳未満の割合は1950年代
ごろから減少し始めている。加えて、15〜64歳の割合も徐々に減少し続ける一方、65歳以
上の割合は増加している〔図表 2 − 1 〕。

　日本の2022年の合計特殊出生率は1.26であり、統計を取り始めて以降最も低くなってい
る。政府の希望出生率（若い世代における結婚、妊娠・出産、子育ての希望がかなうとし
た場合に想定される出生率）の目標は1.8程度であるが、その数値まで改善する傾向はみ
られていない。今後も少子化はますます進み、医療技術の進歩等に伴い平均寿命が延びる
ため、高齢者が増えることが予想される。

　日本は、全体人口の約 4 人に 1 人が65歳以上の高齢者が占める超高齢社会になっている。
少子高齢化に伴う労働人口の減少の問題から、定年年齢の延長や年金受給年齢の引き上げ、
高齢者の医療費負担の増大など、多くの議論がなされている。今後も国内外の社会情勢の
変化に伴い、私たちの暮らしにもさまざまな変化が起こることが想定される。希望する働
き方や暮らし方、家族やパートナーとの生活の在り方、また、それらを実現するための資

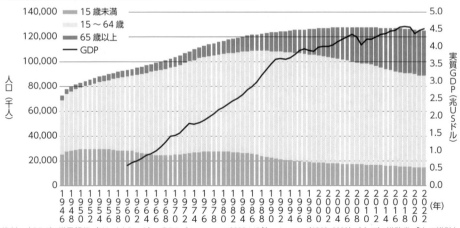

〔図表 2 − 1 〕年齢区分別人口と実質 GDP の推移

資料：（GDP）世界銀行（World Bank）：GDP（constant 2022 US$）、Japan（1960-2022）（人口）総務省「人口推計」
（1946-2022）を基に日本総合研究所作成

産管理等について早めに整理をしておくことが変化する社会を生き抜く術の１つになるといえる。

② 結婚／離婚

　厚生労働省によれば、令和３年の離婚件数は18万4,386組で、前年の19万3,253組より8,867組減少し、離婚率（1,000人の人口集団の中での発生比率）は1.50で、前年の1.57より低下している。同居期間別にみると、件数自体は同居期間が５年未満で５万4,510件と他の年数に比べて多く、同居期間が短い夫婦は、離婚の決断が早いことが読み取れる。しかし、昭和60年代から比べると、同居期間が20年以上の夫婦の離婚は、約２倍近くまで増えている。長年連れ添った夫婦ほど離婚の件数は増加していることがわかる〔図表２－２〕。

　子どもの独立や夫の定年退職を機に、熟年離婚の選択、あるいは、結婚生活は続けながらも、お互いが自由な生活をするという形を選ぶ夫婦も少なくない。年齢を問わず、価値観の多様化に伴い、別居婚や週末婚など、結婚の在り方も以前に比べて変化しつつある。結婚しても子どもを持たない夫婦も増えている。今後、仕事を持ち、経済力のある女性が増えれば、夫の収入に頼る必要もなくなり、多様な結婚生活を選択する夫婦はますます増えていくことが予想される。

　夫婦の形が多様化するにつれて、お金の管理についても注意が必要である。具体的には、

〔図表２－２〕同居期間別にみた離婚件数の年次推移

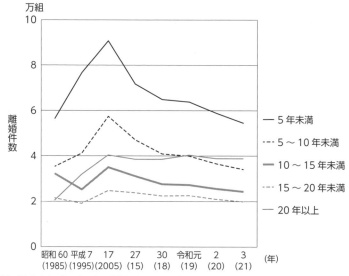

資料：厚生労働省「令和３年（2021）　人口動態統計月報年計（概数）の概況」を基に日本総合研究所作成

離婚や死別をしたときの財産分与の問題や、共働きであるか否かを問わず、日頃の夫婦の財産管理問題、不動産等高額な買い物を行うときの夫婦の名義の問題などが挙げられる。将来、夫婦間で想定外のことが起こったときのことを考慮し、備えておくことが必要である。

（2）健康をとりまく現状を読み解く

① 健康寿命／平均寿命

　厚生労働省によれば、平均寿命は男性81.41歳、女性87.45歳、健康寿命（日常生活に制限のない期間の平均）は男性72.68歳、女性75.38歳であり、これらの年齢の推移は上昇傾向になっている。平均寿命と健康寿命の差は、男性で8.73歳、女性で12.07歳となっており、2001年（男性8.67歳、女性12.28歳）と比べても、この差は縮小していない〔図表２－３〕。高齢化が進む日本社会においては、65歳以上の高齢者の数は上昇傾向であり、今後、医療技術の進歩等に伴い、平均寿命も延びることが予想される。健康寿命を延ばし、平均寿命との差をいかに縮めていくかが重要である。

　健康寿命を延ばすためには健康な食生活や定期的な運動、十分な睡眠をとることが大切である。しかし、日本では運動習慣がない人の割合が、男性は20代で71.6％、30代で74.1％、40代で81.5％、50代で78.2％となっている。一方、女性は20代で87.1％、30代で

〔図表２－３〕健康寿命と平均寿命の男女別推移

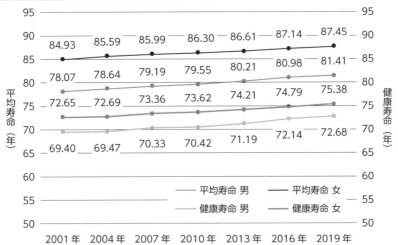

資料：厚生労働省「令和２年版厚生労働白書」、「健康寿命の令和元年値について」を基に日本総合研究所作成

90.6%、40代で87.1%、50代で75.6%に上ることが明らかになっている。

　健康寿命が長い人ほど、定年後も働き続けることが可能になる。年金以外の収入が得られれば、その間は貯金の取り崩しを少なく（あるいは取り崩すことなく）生活することができる。ライフプランニングを考えるうえでも、いかに健康寿命を延ばすかという視点で、今からできる健康管理を考え、実践していくことが大切だといえる。

②　死亡原因

　経済的に食生活が豊かになるにしたがって、死因となる疾患にも変化が見られる。厚生労働省によれば、2022年時点の死因の第1位は悪性新生物〈腫瘍〉であり、心疾患（高血圧症を除く）、老衰と続いている〔図表2－4〕。生活習慣病等に伴う疾病に加えて、寿命の延びとともに、老衰で亡くなる人が徐々に増えている。

　さらに、厚生労働省によれば、40歳から69歳の者（入院者を除く）について、過去1年間に胃がん、肺がん、大腸がんの検診を受診した者の割合では、男女とも「肺がん検診」（男性53.2%、女性46.4%）が最も高くなっている。過去2年間に胃がん（50歳から69歳。入院者を除く）、子宮がん（子宮頸がん）（20歳から69歳。入院者を除く）、乳がん（40歳から69歳。入院者を除く）の検診を受診した者の割合は、「胃がん検診」について男性が53.7%、女性が43.5%、「子宮がん（子宮頸がん）検診」（女性のみ）は43.6%、「乳がん

〔図表2－4〕主な死因別にみた死亡率（人口10万対）の推移

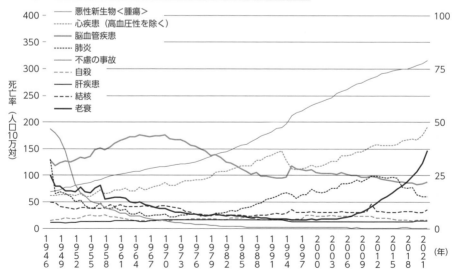

資料：厚生労働省「令和4年（2022）人口動態統計月報年計（概数）の概況」を基に日本総合研究所作成

検診」（女性のみ）は47.4％となっている。2013年以降、いずれも上昇傾向になってはいるが、それぞれのがん検診を行っているのは、2人に1人の割合にとどまっているという状況がうかがえる。

　がんは早期に発見ができるほど、治癒率が高いといわれているので、定期的にがん検診を受けることが大切だ。あわせて、治療と仕事の両立に関する勤め先の制度内容について事前に情報収集し、貯蓄や保険商品をはじめとした金融商品を検討しておくことなども準備につながる。また、老衰で亡くなる人が増えている現状を踏まえると、高齢になって判断能力が衰えたときに備え、早いうちから終活の準備をしておくことも必要になってくると考える。

(3) 労働をとりまく現状を読み解く

① 平均賃金

　厚生労働省によれば、月額の平均賃金は、正社員・正規職員の328.0千円に対し、非正社員・非正規職員の221.3千円となっている。男女別にみると、男性では正社員・正規職員の353.6千円に対し、非正社員・非正規職員の247.5千円、女性では正社員・正規職員の276.4千円に対し、非正社員・非正規職員の198.9千円となっている。女性の平均賃金に比べて、男性の平均賃金が高く、正社員・正規職員に比べて、非正社員・非正規職員の平均賃金は非常に低いことがわかる。さらに、男性の正社員・正規職員は、年齢の上昇に伴い賃金も上がるため、55〜59歳で431.0千円になるが、女性の正社員・正規職員は310.4千円と大きな差がついている〔図表2－5〕。

　共働きで働く夫婦は増えているが、女性の働き方が世帯収入に大きく影響を及ぼす可能性がある。結婚や出産を機に正社員・正規職員を辞めてしまうと、再就職は容易ではない。現在は、仕事と子育ての両立支援制度を拡充する企業も増えてきている。そのような制度を上手に活用し、結婚や出産を経ても働き続けていくことが大切だ。また、正社員・正規職員の男女の賃金格差が年齢によって大きく開いていく原因の1つは、管理職になる女性が少ないことが挙げられる。結婚や出産後、仕事を続けられても育児や家事の負担を女性が多く担う傾向がある。女性が管理職として活躍するためには、結婚や出産後も、配偶者が家事や育児へ参画することが期待される。

　また、高齢になると賃金は徐々に減っている。定年を機に再就職をして非正社員・非正規職員として働く人は少なくない。たとえ収入が減ったとしても、高年齢雇用継続給付といった国の制度もあるので、そのような制度を活用することも一案である。

〔図表2－5〕雇用形態・年齢別の男女の賃金の平均月額

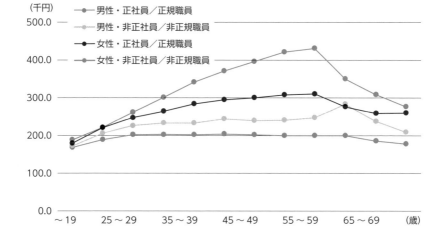

資料：厚生労働省「令和4年度　賃金構造基本統計調査」を基に日本総合研究所作成

②　産業別の動向

　厚生労働省によれば、2025年、2040年時点で就業者が増えると見込まれている産業は医療・福祉であり、2017年時点の807万人から2040年時点には974万人まで増えると推計されている。主な理由の1つとして、医療や福祉サービスへの需要が増えることが挙げられる。加えて、情報通信業においても、2017年時点の207万人から2040年時点には224万人まで増えることが推計されている。労働人口の減少に伴い、高度な技術開発はもちろんのこと、デジタルの活用を通じた効率化は今後も必要になることが予想される。一方、卸売・小売業は、2017年時点の1,117万人から、2040年時点には942万人まで大きく減ることが推計されている。デジタル化により対面から非対面へとサービス提供内容が変化していくことや、高齢化に伴う消費者による一部サービスの需要の減少等が影響しているのだと考えられる〔図表2－6〕。

　今後、長期的な視野で自分の働き方を考えていくうえでは、どのような業種で働くかということが重要になってくる。政府はリスキリングの支援に5年で1兆円を投じるという姿勢を示しており、既に一部の企業においては、デジタル技術等の教育支援の強化を打ち出しているところもある。以前から教育訓練給付制度が整備されているが、IT・データを中心とした将来の成長が強く見込まれ、雇用創出に貢献する分野において、社会人が高度な専門性を身に付けてキャリアアップを図ることができるよう、経済産業省が「第四次産業革命スキル習得講座認定制度」を設けている。厚生労働省が定める一定の要件を満たせ

第2章

〔図表2－6〕産業別の就業者数の現状と今後

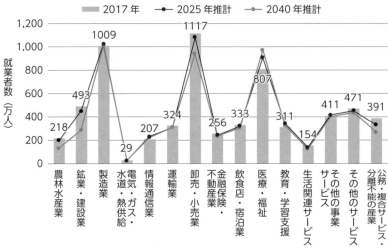

資料：厚生労働省「令和2年版厚生労働白書」を基に日本総合研究所作成

ば、その費用の一部が「専門実践教育訓練給付金」として支給される仕組みも用意されている。仕事を続けるためには、いくつになってもリスキリングを行いながら、仕事内容を変化させていく柔軟性が必要とされている。

③　介護離職

　高齢化が進む日本社会においては、介護や看護を必要とする高齢者が増えることが予想されている。仕事をしている人のなかにも、親族等の介護との両立ができず、介護離職を余儀なくされる人も出てくる可能性がある。一般労働離職者のなかで、介護や看護を理由として退職をした人の割合は、1993年時点で男性が0.11％、女性が1.36％であったが、2021年時点となると、男性が1.0％、女性が2.53％まで増えている。現時点では、介護や看護を理由に退職をした人の数そのものは多いとはいえないが、徐々にその数も増えることが懸念される。

　生命保険文化センターによれば、介護を行った期間（現在介護を行っている人は、介護を始めてからの経過期間）は平均61.1カ月、介護に要した費用（公的介護保険サービスの自己負担費用を含む）は、月々平均8.3万円と示されている。仮に、介護にかかる費用をすべて負担した場合、平均で約500万円近くの金額を負担することが必要という試算になる。介護費用の負担に加えて、将来の自身の老後の生活費等を考えると、介護離職は極力避けなければならない。

〔図表 2 - 7〕一般労働離職者数と介護・看護を理由に離職した人の一般労働離職者数に占める割合の推移

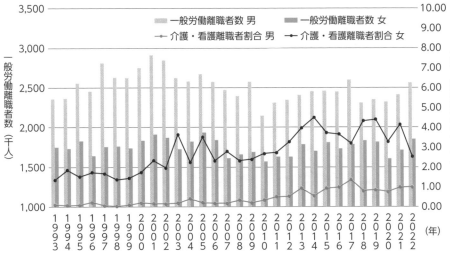

資料：総務省統計局の雇用動向調査のデータベースを基に日本総合研究所作成

　そのためには、介護に直面する前から親族が住む自治体の介護に関するパンフレットを読んでおく、勤め先の介護休業制度を知っておくなど、介護に関する情報収集をしておくことが大切である。育児・介護休業法では、対象家族1人につき、通算93日まで休業取得が可能となっているが、介護に関する知識は専門用語も多く、介護に直面してから学ぶということになると、介護休業期間があっという間に過ぎてしまう。介護休業期間は、具体的に介護施設やサービス等を決めるための期間として捉え、事前の準備をしておくことが介護離職を防ぐためには必要である。

(4) 今後の新たな働き方

テレワーク／副業・兼業

　新型コロナウイルス感染症の流行を機に、多くの企業や個人がテレワークに移行した。国土交通省によれば、雇用型テレワーカーの割合は、全国で2019年時点では14.8％であったが、2022年には26.1％まで増加している〔図表 2 - 8〕。特に首都圏でのテレワーカーの割合が著しく増え、2019年時点で18.8％であったが、2021年時点のピーク時よりはやや減っているものの、2022年時点では39.6％まで増加している。コロナ禍の働き方の変化を受けて、働く場所を柔軟に選択できるような企業も出てきている。働く人のなかには、子育てや住環境の快適さを求めてテレワークで働けるようになったことで、地方へ移住する

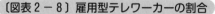

〔図表2-8〕雇用型テレワーカーの割合

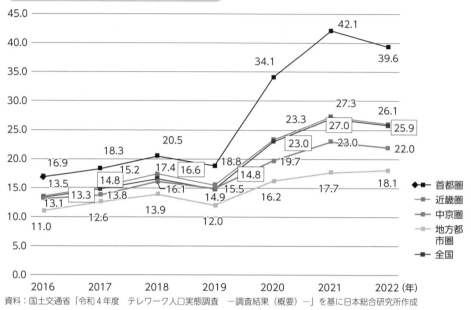

資料：国土交通省「令和4年度　テレワーク人口実態調査　－調査結果（概要）－」を基に日本総合研究所作成

人もいる。テレワークの浸透によって、住まいの選択の幅も広がっている。

　また、多様な働き方を許容する企業の変化は、副業・兼業の解禁にもつながっている。一般社団法人日本経済団体連合会によれば、副業・兼業の解禁を認める企業は年々増え、2022年では常用労働者数が5,000人以上の企業の83.9％が「認めている」、または「認める予定」と回答し、全企業規模計を上回る増加率となっている。以前は、本業への意欲の低下や情報漏洩、長時間労働への懸念から、副業・兼業を許容する企業は少なかった。しかし、最近では、副業・兼業の受け入れ先の方でも、テレワークでの働き方を可能としている企業も増えており、都市部にいながら地方部で副業・兼業を行うというスタイルも可能となってきた。

　住まいや働き方もさまざまな選択ができる時代になっている。転職をしなくても、自分の学びや子どもの年齢にあわせて住まいを変える、あるいは、複数の副業・兼業に携わってスキルアップしながら、本業に従事するという人も出てくるだろう。さまざまな選択肢が増えている現在においては、ライフプランニングも多様な視点で検討していくことが求められている。

第3章

ライフプランニング

第1節 ライフプランニングの手法

① ライフプランニングの目的と効用

　個人を取り巻く経済・金融・各種制度の変化が近年顕著になり、個人は生活設計全般について大きな変革を迫られている。その半面、個人の価値観や生き方（これをライフデザインと呼ぶ）に基づいた豊かで自由な人生を送りたいというニーズ（これをライフプランと呼ぶ）も高まっている。つまり、人それぞれの生き方や価値観の表れであるライフデザインに基づく夢や希望、すなわちライフプランを達成することが大きな目的なのである。そのためには、中長期的な生活設計を行い、その裏づけとなる資金計画を綿密に立てる必要がある。その第一歩が「ライフプランニング」である。

　ライフプランニングには、広義のライフプランニングと狭義のライフプランニングの2種類がある。前者は、「生きがい」「健康」「家庭経済」「家族」の4つの側面から具体的な暮らし方のプランを立てることである。後者は、中長期の生活設計の裏づけとなる「家庭経済」に焦点を当て、具体的なプランを立てることである。この狭義のライフプランニングこそ、「ファイナンシャル・プランニング」であり、一部の資産家のためのものではなく、家計をマネジメントするすべての個人が対象となる。

② 年代別ライフイベント

　ライフプランニングを行ううえで、どのようなテーマがあるのだろうか。ここでは狭義のライフプランニングに絞り、年代別の一般的なテーマ（ライフイベント）について解説する。ただし、実際には個々人の状況に応じて主となるテーマはさまざまであり、個々の顧客ニーズを把握することが最も重要である。

(1) 20代

　生き方が多様化しているため、20代のライフプランニングを行ううえでのライフイベントは、慎重にヒアリングしなければならない。

　重要なテーマは結婚と転職である。平均初婚年齢は30歳前後となったが、結婚をするのか独身を続けるのか、子どもを持つ希望があるのかなどは、ライフプランを立てるうえで非常に重要な要素になる。結婚を考える人は、新生活のスタートまでにかかる結婚資金（場合によっては、婚活資金を含め）の準備が必要になる。結婚式や披露宴を行う場合は、その金額も上乗せして準備しなければならない。

　また、離職率（転職）の高さも20代の特徴である。転職の理由はさまざまあるだろうが、ライフプランを立てるうえでの基礎となる収入が変化してしまうので、これもきわめて重要な要素である。

　さらに、金融知識が未熟な場合が多く、クレジットカードの乱用や、消費者ローンの残高がある場合があるため、借入れに関してのヒアリングは必ずしなければならない。特に、奨学金に関しては借入れと考えていない若者は多いため注意が必要である。

(2) 30代

　30代では、結婚、出産、住宅の購入が重要なテーマになる。結婚している夫婦は、家族構成が固まったら夫婦の働き方を検討する必要がある。特にフルタイムの共働きの場合、出産後に夫婦のどちらかが退職することは、ライフプランニングにおいて重要な要素である。収入が一方のみになるため、生活資金・教育資金・老後資金を賄えるのか、また、その収入の担い手が就業不能（死亡・病気・ケガ）になった場合の検証が必要である。たとえば、死亡した場合などには、公的遺族年金や弔慰金といった職場の保障や福利厚生を補完する一定額の保障が得られるように適切な保障額の生命保険に加入することなどが求められる。

　出産については、出産時には公的医療保険の（家族）出産育児一時金等が支払われ、一定額まではカバーされるが、いわゆる妊活の費用、子どもの養育費、教育費が長期的に必要になることを認識しなければならない。国や自治体からの補助は多々あるが、可能であれば、早い時期から教育費の積立てはしておきたい。教育費には、学校における費用（授業料など）だけでなく、クラブ活動費・習い事・塾などの家庭における教育費用も含めておく必要がある。なお、子どもが誕生することにより、収入の担い手が確保しておきたい生命保険の保障額はさらに大きくなる。

　住宅の購入については、「頭金を含めた自己資金の準備」、「住宅ローンの設計」、「その後のローンの見直し」という3つの側面が重要になる。当然、固定金利にしたほうが、ライフプランニングは行いやすい。基本的には、頭金を大きくし、住宅ローンは少なくすることが重要だが、住宅ローン控除（住宅借入金等特別控除）を効率的に利用するため、借入れの割合を大きくすることは、必ずしも悪い選択肢ではない。しかし、住宅ローンの返済が将来の生活設計に支障を来さないよう十分に留意したい。住宅ローンを組んだ後は、金利情勢や収入の状況を見ながら、繰上げ返済や借換えなどの検討も必要である。また、できれば定年退職までに返済を完了したい。なお、住宅ローンを組む際には、原則として団体信用生命保険に入るため、生命保険の死亡保障額を見直すタイミングである。また、近年は3大疾病や7大疾病等に罹患し、就業不能になった場合に保険金が出る団体信用生命保険もある。

　賃貸住宅や社宅に住んでいる場合は、収入の担い手が死亡したときにその後の賃料負担や住宅の確保ができるのかどうか考慮すべきである。遺族への生活保障のために個人の生命保険で準備しておくべき額は、持家に比べ賃貸住宅に住んでいる人のほうが大きくなる。また、賃貸住宅に住む場合は、高齢になったときの住まいの確保も考慮しなければならない。

　結婚しない場合は、病気やケガで就業不能になった場合の医療費や生活費をカバーできるようにしなければならない。そのうえで、引退後に向けた積立てを少しずつ始めるとよい。

（3）40代

　40代は、働き盛りを迎えて収入が増大していく半面、出費も多くなり、貯蓄できる余裕があまりない時期である。経済情勢を見ながら、家計の見直しや住宅ローン・保険の見直しなどがポイントになる。

　また、子どもがいる世帯では、子どもが高校・大学へ進学するころに世帯の収入がどのような状況になるのかを予測することが重要である。晩婚化のため、子どもの教育費がかさむ時期に定年退職を迎えるようなケースや、収入の担い手が1人であるケースなどでは、教育費の捻出に支障を来すことも考えられ、事前に対策を講じておく必要がある。その際に、退職金を頼りにしたライフプランニングはリスクがあることを認識しておく必要がある。

(4) 50代

　50代は、老後生活の具体的なイメージを描き、必要になる生活資金を想定し、老後資金を準備することが必要な時期である。ただし、昨今の低金利から、老後資金の準備には従来に比べて時間がかかると思われるため、安定的に運用する部分（コア）と、積極的に運用する部分（サテライト）を適切に組み合わせながら効率的に運用することが望まれる。また、50代の会社員・公務員は、65歳にならないと老齢年金が支給されない。そのため、退職した場合の60歳から65歳になるまでの生活費は、退職金やそれまでに蓄えた貯蓄に頼らざるを得ず、この間は働くことも一般的になりつつある。所属する会社の制度を確認し、最適な方法を選択しなければならない。

　老後資金については、単に生活費だけではなく、医療資金や介護資金の確保についても検討すべきである。また、公的医療保険や公的介護保険についてよく理解したうえで、保障が足りないと思った場合には、あらかじめ保険料の安い若い年代のうちに、民間の医療保険や介護保険に加入して、自助努力を行うのも一つの方法である。

(5) 60代以降

　60代以降は、子育てから解放され、自由な時間を自分の生きがいの追求に充てられる時期である。しかし、長生きをすることにより生活費や医療費がかかり、貯蓄が底をつく危険性がある（長生きのリスク）。そのため、公的年金の繰下げ受給も視野に入れながら退職金やそれまでに蓄えた老後資金を適切に運用し、健康な老後生活を送ることが重要なテーマである。さらに、寝たきりになった場合などの、介護への備えの充実を検討する時期でもある。

　また、この世代になると孫がいる場合が多く、孫のイベントにかかる祝い事の出費も多いので留意する必要がある。

　さらに、自分の財産承継についても相続人の間で争いのないように配慮が必要であり、生前贈与や遺言書の作成などの相続対策をとることも大切な時期である。相続対策については税理士などの専門家を交え、さまざまな角度から検討を重ねることが必要である。

❸ ライフステージ別資金運用

　前項で見た年代別のテーマに基づき、具体的に資金運用をどのように考えればよいのか

をライフステージに分けて考えてみよう。

(1) 独身期

　独身時代はライフプラン上のさまざまな資金を確保していくために、積立てによって自動的に貯蓄する仕組みを作る必要がある。会社員の場合は財形貯蓄が利用でき、その他の積立型商品としては、自動積立定期預金、自動積立定額貯金、定期積金などがある。独身時代はどうしてもお金を使ってしまうので、利率が非常に低くても自動的に給与や口座から天引きされる商品がいいだろう。

　また、若い世代は相対的にリスク許容度が高いので、「少額から投資を始めていく」ことも一つの選択肢である。投資信託の積立て、株式累積投資制度（るいとう）、持株会、確定拠出年金、新 NISA など、少額から始めることができる投資は多くある。時代は「貯蓄から資産形成（投資）へ」であり、若いうちに少額の投資で経験を積むことを検討したい。保険は医療保険、自動車保険等が中心となるだろう。給与に色付けをし、一定額を貯蓄と投資に向けていくことが大切である。一方で、ローンは可能な限り控えるべきであり、奨学金などの返済の滞納は絶対にしてはならない。

　独身時代はこうして将来のライフプラン上のさまざまな資金の基盤を作ると同時に、失業や転職など「いざというとき」の緊急予備資金を確保しておくことも必要であり、これには流動性が重要なので、普通預金や定期預金には一定額を貯めておく必要がある。

(2) 新婚期

　新婚で子どもがいない時期は、就業期間中で最も貯蓄・投資に資金をまわせる時期である。特に共働きの場合はその傾向が強い。貯蓄・投資計画と目標金額を決め、今後のライフプランを考え、住宅資金や老後資金の準備をしていくことが重要である。

　中期的な住宅資金設計であれば安全性を重視し、財形住宅貯蓄などの活用を検討したい。

　また、リスク管理については医療保障のほか、片働きの場合は死亡保障を適切に確保することが大切になる。

(3) 子育て期

　出産と同時に教育資金作りをスタートさせることが重要である。教育資金作りに適した金融商品としては、こども保険（学資保険）、自動積立定期預金、投資信託の積立てなどが考えられる。投資信託の積立てについては、新 NISA の利用を検討したい。なお、こども保険については、以前に比べて予定利率が低くなっており、貯蓄性は高くはないことに

留意する必要がある。また、子どもの養育費や教育費を考慮し、生命保険の保障額をさらに充実させることも大切である。

　さらに、子育ての時期は一般に住宅取得の時期でもある。経済環境の見通しとライフプランに応じて、借入金利の種類（変動・固定など）や借入期間など、住宅ローンの適切な選択に留意すべきである。

(4) 壮年期（40〜50歳）

　住宅ローンがある場合は、その繰上げ返済に一定の資金を充当し、定年までに住宅ローンを完済するか、それとも繰上げ返済をしないかなどの資金計画を立てることが一つのテーマとなる。また、教育費負担も増えてくるため、将来の教育費を見据えて新たに積立てを行うか、教育ローンの利用あるいは奨学金の活用を検討する。

　さらに、これらと並行して本格的に老後資金を準備しなければならない。新NISAを利用した投資信託や個人年金保険、確定拠出年金などの活用によって資金運用していくことも検討したい。生命保険については、死亡保障を徐々に減らし、所得補償を充実し、全体の保険料負担コストの軽減を図ることも大切になる。また、賃貸住宅の場合は、老後の居住形態に関して少しずつ考え始めなければならない。

(5) 熟年期（50歳〜60代前半）

　この時期は、子どもの自立と老後準備の時期である。

　老後資金については、若い時期と比べれば相対的にリスク許容度が低くなるので、安定運用するようにアセットアロケーションの見直しをする必要がある。また、退職金も含めた金融資産について、老後のライフプランに応じた運用計画を作成することが大切である。その際、一定の流動性を確保したうえで、安全性重視の部分と収益性を求める部分との割合を判断することがポイントの一つとなる。

　最近は老後に向けて住宅の住み替え・買換えも多くなっている。買換えの場合は、新たに住宅ローンを組まずに、自己資金で賄えるようなら賄いたい。

　さらに、リスク管理については、医療用の貯蓄と併せて医療保険の活用も考えられる。なお、子供が独立している場合は、死亡保障の必要性が低下しているため、見直しについても考えたい時期といえる。

(6) 老後

　旅行、ボランティア、文化活動など生きがいにかかわる「ゆとり資金」をある程度確保

第3章

しつつ、病気・介護そして贈与・相続を意識した運用が必要になる。子どもや孫への贈与や相続税の納税資金あるいは遺産分割資金などについては、安全性を重視した資金運用を考える。老後資金は安全性を中心としつつ、一定部分はインフレに備えて株式や不動産など、インフレに強い資産（投資信託）で運用することも検討課題である。相続に関係する資金については、相続税に関する生命保険金の非課税枠を活用した準備も検討するとよい。公平な遺産分割のために遺言を作成することも検討すべきである。また、老後の病気や災害などに備えて流動性を重視した「いざというとき」の資金を確保しておくことも大切である。また、想定以上に長生きをしたことで、貯蓄が底をつかないよう注意をしてライフプランニングを行う必要がある。

❹ 各種統計数値の把握

　顧客が各ライフステージに応じた資金設計を行う場合、目標とする金額が不明な場合がある。その際、FPは目安となる数値を示す必要があり、プランニングにあたって、各種統計データを収集しておく必要がある。

(1) 結婚資金

　「ゼクシィ結婚トレンド調査2023調べ」によると、結婚（結納・婚約〜新婚旅行）にかかった費用は首都圏平均で約456.9万円となっている。ただし、親・親族からの援助や披露宴等でのご祝儀等を含めると、挙式関連については本人の負担は少ないと思われる。しかし、家具等の購入や新居の敷金・礼金、引越し費用は別途見込んでおく必要があろう。

〔図表3－1〕保護者が支出した教育費（2021年度）　　　　　　　　（単位：万円）

	幼稚園		小学校		中学校		高等学校(全日制)	
	公立	私立	公立	私立	公立	私立	公立	私立
学校教育費	6.1	13.5	6.6	96.1	13.2	106.1	30.9	75.0
学校給食費	1.3	3.0	3.9	4.5	3.8	0.7	－	－
学校外活動費	9.1	14.4	24.8	66.1	36.9	36.8	20.4	30.4
合　計	16.5	30.9	35.3	166.7	53.9	143.6	51.3	105.4

（※）子ども1人当たりの年間支出金額。
資料：文部科学省「子供の学習費調査」

〔図表3−2〕私立学校の入学料および年間授業料　　　　　　　（単位：千円）

	入学料				年間授業料			
	1980年度	1990	2000	2022	1980年度	1990	2000	2022
幼　稚　園	34.6	38.9	48.9	61.3	121.5	160.3	222.9	327.5
小　学　校	111.5	140.5	172.2	187.8	184.1	256.7	335.3	481.9
中　学　校	119.5	157.7	186.6	190.0	196.6	282.0	361.3	442.0
高等学校(全日制)	98.9	136.2	159.6	164.2	166.9	252.9	327.2	445.2

資料：文部科学省「私立高等学校等授業料等の調査結果について（2022年度）」
（※）入学時の初年度生徒等納付金の1人当たりの平均額。なお、私立幼稚園の調査対象園については「子ども・子育て支援
　　　制度」に移行していない私立幼稚園である。

〔図表3−3〕大学の初年度納入金　　　　　　　　　　　　　（単位：千円）

	初年度納入金額	入学料	授業料	施設設備費	その他
国　立　大　学（昼　間　部）(※)	81.8	28.2	53.6	−	−
私　立　大　学（昼　間　部）	148.3	24.6	93.1	18.0	12.6
文　　科　　系	127.2	22.6	81.5	14.8	8.3
う　ち　文・教育	130.4	22.6	82.2	15.6	10.1
法・商・経	125.2	22.6	81.3	14.1	7.1
理　　科　　系	169.0	25.1	113.6	17.9	12.4
う　ち　理・工	162.7	23.8	111.1	15.5	12.3
薬	217.8	33.5	142.8	31.1	10.5
農・獣医	161.9	25.1	100.9	20.9	15.0
医　　　　　科	704.8	134.0	267.0	109.7	194.1
歯　　　　　科	548.5	59.9	326.7	63.2	98.7
そ　　の　　他	163.2	25.4	96.9	23.6	17.3
う　ち　家　政	141.0	24.1	82.8	18.6	15.5
芸　　術	179.1	24.2	113.0	27.3	14.5
体　　育	144.1	25.0	83.9	21.0	14.1

（※）文部科学省令による標準額
資料：文部科学省「2021年度私立大学入学者に係る初年度学生納付金平均額」

(2) 教育資金

教育資金については、公立の学校か私立か、大学で何を専攻するか、自宅通学かどうかなどによって、相当な差が生じる〔図表3-1〕〔図表3-2〕〔図表3-3〕。教育費の総額については、幼稚園から大学まですべて公立の場合で1,000万円程度、私立の場合で2,000万円以上かかるといわれている。

(3) 住宅資金

住宅資金については、地域や一戸建てかマンションかなどによってかなりの差がある〔図表3-4〕。

〔図表3-4〕「フラット35」利用者の住宅購入資金調達内訳　　　（単位：万円、％）

	注文住宅新築	構成比	建売住宅購入	構成比	マンション購入	構成比
建設・購入費	3,715.2	100.0	3,719.0	100.0	4,848.4	100.0
手持金	641.2	17.3	317.7	8.5	987.8	20.4
機構買取金	2,967.2	79.8	3,184.9	85.6	3,691.8	76.1
機構買取金以外	108.3	6.8	216.4	5.8	168.7	3.5
公的機関	4.8	0.1	5.0	0.1	11.2	0.2
民間金融機関	102.8	2.8	211.2	5.7	157.0	3.2
勤務先	0.1	0.0	0.2	0.0	0.5	0.0
親・知人等	0.5	0.0	0.0	0.0	0.0	0.0
世帯年収	623.7		593.8		844.2	
1カ月の予定返済額	10.25		10.94		13.22	
住宅面積（m²）	122.8		101.9		65.7	
敷地面積（m²）	252.7		136.9			
年齢（歳）	46.2		41.7		45.7	
家族数（人）	3.6		3.2		2.4	

資料：住宅金融支援機構「フラット35利用者調査報告」（2022年度）

(4) 老後資金

　生命保険文化センターの調査によると、老後の生活に必要な最低限の費用は月額22.1万円、ゆとりある生活をするためにはさらに14.8万円が必要であるとの結果が出ている〔図表3－5〕。ただし、老後生活に必要な資金は個々の状況によりさまざまである。

〔図表3－5〕ゆとりある老後の生活費（老後を夫婦2人で暮らしていくうえで必要と考える費用・月額（単位：万円））

	ゆとりある生活費	最低日常生活費	ゆとりのための上乗せ額
2022年	37.9	23.2	14.8
2019年	36.1	22.1	14.0
2016年	34.9	22.0	12.8
2013年	35.4	22.0	13.4
2010年	36.6	22.3	14.3
2007年	38.3	23.2	15.1

資料：生命保険文化センター「生活保障に関する調査」（2022年度）

第3章

ライフプランニングの手法・プロセス

一般的にプランニングには以下の6つのプロセスがある。

①顧客との関係の構築
　プラン作成にあたり、顧客との信頼関係を構築し、FP業務の内容・料金などを明確にしておく。次のプロセスである「情報の収集」の前提になるものである。
②情報の収集
　後述する「情報の収集・把握の方法」から「ライフイベント表の作成」までに該当する部分である。
③顧客家計状況の分析
　後述する「キャッシュフロー表の作成」から「個人バランスシートの作成」までに該当する部分である。
④具体的なプランの提案
　後述する「提案書の作成」に該当する部分である。
⑤具体的なプランの実行
　立案したプランニングに基づき、資産運用等の実行の代理、代行などを行う。実行に際しては、金融商品取引法や保険業法、税理士法等の関連法規に抵触することのないように注意する。
⑥プランの定期的な見直し
　プランニング実行後も、顧客の状況の変化や制度改正等に応じて内容を定期的に見直す必要がある。

❶ 情報の収集・把握の方法

　具体的なプランニングに先立って、以下のような顧客のさまざまな情報を収集する必要がある。また、有益な情報を的確に収集するためには、収入、支出、資産、負債、保障等の数値等の定量的情報は質問用紙、顧客のニーズ、価値観等の定性的情報は面談が適している。

基本的な情報	①顧客およびその家族の氏名・性別 ②各人の生年月日 ③各人の職業・学校種別など
現状の情報	①収入（賞与や配偶者の収入を含んだ年収ベースで把握する） ②支出（顧客は月単位で把握していることが多い。これを基に年単位の支出を把握する。基本生活費・保険料・住居費・教育費・その他生活費・一時的支出の6項目に分類すると分析がしやすい） ③金融資産の総額とその内訳、毎月・ボーナス時の積立額 ④住宅の状況（持家か、一般の賃貸住宅か、社宅か） ⑤借入金の状況（住宅ローン、カードローンなど） ⑥社会保険の加入状況 ⑦生命保険・損害保険の加入状況 ⑧勤務先の福利厚生制度（貯蓄、融資、保険、弔慰金などの各制度）
今後の情報	①退職の年齢、退職一時金や企業年金があればその見込み額 ②住宅取得の予定がある場合は購入プラン ③子どもがいる場合は今後の教育プラン ④その他今後資金が必要となりそうなイベント（住宅の増改築、車の買替え、子どもへの資金援助） ⑤その他収入が得られることが予想される場合は、その種類、おおよその額（個人年金など自助努力による老後の収入、親からの贈与等で見込める収入など）

上記の情報を収集するには以下のような方法がある。

① 質問用紙による把握

FPがプランニングにあたって入手したい情報を、あらかじめ質問用紙に項目を作って、顧客に記入してもらう方法である。この際、ファイナンシャル・プランニングの知識に乏しい顧客が記入に戸惑わないよう、記入方法を解説したものを添付するよう心がけたい。

収入、住宅ローンの状況、生命保険・損害保険の加入状況などについては、それぞれ源泉徴収票、確定申告書、住宅ローンの返済予定表、保険証券および設計書などの原本のコピーをもらうほうが正確に内容を把握することができる。これにより顧客も調査する手間を省くことができる。

② 面談による把握

FPが入手したい情報を、顧客に直接面談することによって入手する方法である。質問用紙は客観的な情報を入手する場合には効率がよいが、その半面、顧客のニーズや考え方、好みなどの情報は把握しにくい。面談による把握は、質問用紙による情報収集を補うために有効な方法である。

② 可処分所得の計算

顧客情報のうち、給与所得者の収入は、一般的に勤務先からの年間ベースの総支給額で把握していることが多い。しかし、その中から、所得税・住民税、社会保険料が天引きされ、残りが家計で自由に処分できる金額である。この手取り収入は可処分所得と呼ばれる。顧客情報（源泉徴収票、確定申告書）から、この可処分所得をしっかりと把握し、これを基に今後の顧客世帯の収支を予測することになる。

> 可処分所得＝収入－（所得税・住民税＋社会保険料）

なお、1年間に支払った「住民税額」は、源泉徴収票には記載されていない点には留意が必要である。源泉徴収票は、所得税額の計算結果を示すものであり、住民税額については、5月頃に勤務先から渡される「住民税決定通知書」等の書類に記載されている。

③ 係数の意味と活用

ライフプランニングを行う際には、金融資産が将来どれくらい増えるかの計算や、目標額を達成するための毎年の積立額の算出、あるいはキャッシュフロー表の作成など、さまざまなシミュレーションが必要である。こうした場合に利用できるのが各種係数である。ライフプランニング上必要な係数には次の6つが挙げられる（具体的な数値は巻末資料を参照）〔図表3－6〕。

(1) 終価係数

現在の額から将来の額を求めるときに使用する。複利終価率とも呼ぶ。

終価係数

> $(1+r)^n$ （※）r＝年利率、n＝年数（以下同じ）

（例1）　100万円を年利率4％で10年間複利運用したときの元利合計はいくらになるか。
100万円×1.4802＝148万200円

（例2）　物価上昇率を年3％とすると、10年後の物価は現在の何倍になるか。
終価係数表の3％と10年の交点を探す。1.3439なので、現在の約1.34倍となる。

〔図表3－6〕係数のイメージ

（縦軸：金額、横軸：時間）

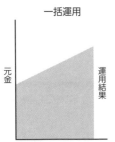

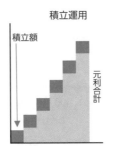

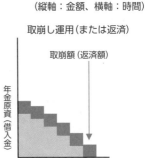

（1）運用結果＝元金×終価係数
（2）元金＝運用目標×現価係数
（3）元利合計＝積立額×年金終価係数
（4）積立額＝元利合計×減債基金係数
（5）年金原資＝取崩額×年金現価係数
（6）取崩額＝年金原資×資本回収係数

第3章

（2）現価係数

将来の額から現在の額を求めるときに使用する。運用率を基に算出する。複利現価率とも呼ぶ。

現価係数

$$\frac{1}{(1+r)^n}$$

（例）　年利率3％で10年後に500万円にするためには、いくら預ければよいか。

500万円×0.7441＝372万500円

（3）年金終価係数

毎年の積立額から将来の元利合計を求めるときに使用する。複利年金終価率とも呼ぶ。

年金終価係数

$$\frac{(1+r)^n-1}{r}$$

（例）　年利率3％で毎年50万円を10年間積み立てたら、10年後の元利合計はいくらになるか。

50万円×11.4639＝573万1,950円

（4）減債基金係数

将来目標とする額を貯めるために必要な毎年の積立額を求めるときに使用する。

減債基金係数

$$\frac{r}{(1+r)^n-1}$$

（例）　年利率3％で複利運用して10年後に1,000万円を貯めるには、毎年いくら積み立てればよいか。

1,000万円×0.0872＝87万2,000円

（5）年金現価係数

希望する年金額を受け取るために必要な年金原資を求めるときに使用する。複利年金現価率とも呼ぶ。

年金現価係数

$$\frac{(1+r)^n-1}{r\,(1+r)^n}$$

（例）　年利率3％で複利運用しながら、毎年100万円の年金を10年間受け取るためには、いくらの原資が必要か。

100万円×8.5302＝853万200円

（6）資本回収係数

現在の額を年金原資として運用しながら受け取れる年金の額や、借入額に対する利息を含めた毎年の返済額を求めるときに使用する。年賦償還率、元利均等償還率とも呼ぶ。

資本回収係数

$$\frac{r\,(1+r)^n}{(1+r)^n-1}$$

（例1）　1,000万円を年利率3％で複利運用しながら、15年間にわたって年金として取り崩す場合、受け取れる年金の額はいくらになるか。

1,000万円×0.0838＝83万8,000円

（例2）　2,000万円を年利率5％で借りて、25年で返済する場合の年間返済額はいくらになるか（年1回払い）。

　　　　2,000万円×0.0710＝142万円

なお、（1）と（2）、（3）と（4）、（5）と（6）はそれぞれ逆数の関係にある（掛け合わせると1になる）。

例　題

Q:

甲さん（45歳）は、65歳から80歳になるまでの15年間にわたって、公的年金収入のほかに毎年120万円ずつ受け取りたいと考えている。60歳時点で受け取る予定の退職金2,000万円のうち、1,000万円をそのための資金として充当し、すべての期間において、税引後2％で運用できるとした場合、60歳までの15年間で毎年いくら積み立てればよいか。下記係数表を使用すること。

〈資料〉利率2％の各種係数

	終価係数	年金終価係数	年金現価係数	資本回収係数	減債基金係数
5年	1.1041	5.2040	4.7135	0.2122	0.1922
10年	1.2190	10.9497	8.9826	0.1113	0.0913
15年	1.3459	17.2934	12.8493	0.0778	0.0578
20年	1.4859	24.2974	16.3514	0.0612	0.0412

A:

• 65歳時点で必要な年金原資
120万円×12.8493（2％、15年の年金現価係数）≒1,542万円
• 60歳時点で必要な年金原資
1,542万円÷1.1041（2％、5年の終価係数(※)）≒1,397万円
　（※）現価係数は係数表にないため、その逆数となる終価係数を使用する。
• 60歳時点で準備すべき金額
1,397万円－1,000万円＝397万円
• 毎年の必要積立額
397万円×0.0578（2％、15年の減債基金係数）≒23万円

④ ライフイベント表の作成

　ライフイベントとは、その世帯に予定（想定）される出来事をいう。たとえば結婚、子どもの誕生、子どもの入学・進学、海外旅行、住宅取得など資金が必要となるもののほか、定年退職、養老保険の満期、公的年金の受給開始など、逆に資金が入ってくる出来事もライフイベントといえる。

　大切なことは、資金の出入りを把握する点にある。これらのイベントを時系列に並べ、1つの表にしたものをライフイベント表という。一般的には〔図表3-7〕のように、世帯を構成する人ごとに発生するものと、家族全員に関係するものを併せて記載する。また、現在の価値（インフレを考慮しない）でおおよそいくらぐらいの資金が出入りするかを記載する。

　ライフイベントの記入では特に子どもの入学年に留意する。12月31日時点の記入を行う場合、4月2日から12月31日までに生まれた子どもの小学校の入学年齢は7歳になる（6歳で入学し、その年の年末時点で7歳になる）。一方、早生まれの人（1月1日から4月1日までに生まれた人）は、小学校の入学年齢が6歳になる（6歳で入学し、その年齢でその年の年末を迎える）。

　その前の幼稚園の入園時期や、小学校以降の中学校・高校・大学等・就職の年齢にも、子どもの誕生日に留意する必要がある。

　ライフイベント表は、顧客とFPが顧客世帯に今後予定（想定）される出来事の情報を共有し、プランニングの基礎になる重要なツールである。ライフイベント表の作成で、顧客のライフプラン上の目標が具体化、明確化され、さらにその目標が数値化される。これが後に作成するキャッシュフロー表の前提になる。

〔図表3−7〕ライフイベント表の例

第3章

項目	現在	2025	2026	2027	2028	2029	2030	2031	2032	2033	2034	2035	2036	2037	2038	2039	2040	2041	2042	2043	2044	2045	2046	2047	2048	2049	2050	2051	2052	2053
夫/武夫	40					45				49	50				54	55				59	60				64	65				69
イベント																						定年・再就職	◀──▶	↑						
妻/晶子	38		40			43				47	48				52	53				57	58				62	63				67
イベント																														
子/健太	11		13			16			19				23							30										
イベント	小5		中1			高1			大1				就職							結婚										
子/由利	9				13			16			19				23					28										38
イベント	小3				中1			高1			大1				就職					結婚										
イベント																														
夫の親 父	67			70					75					80																
夫の親 母	63		65					70					75					80												
妻の親 父	70					75					80																			
妻の親 母	65					70					75					80														
教育資金 健太			中学			高校 110万	100万	130万	大学 180万	120万	120万	120万																		
教育資金 由利					中学 110万	110万	110万	高校 160万	130万	130万	大学 180万	120万	120万	120万																
住宅資金		ローン	取得																							武夫 72歳まで返済 ▶				▶
キャリアプラン	パソコン	晶子・フラワーアレンジメント教室開始（65歳まで）																												
その他						車				車				車		車					海外旅行・車									
必要資金合計																														
収入予想		贈与	ローン																		退職金									
備考・検討事項他																														

家族の年齢 ／ ライフイベント必要資金

❺ キャッシュフロー表の作成

　顧客情報の収集を行い、ライフイベント表が作成できたら、次は今後の収支状況を予測する作業を進める。これが毎年の顧客世帯の収入、支出をもとに、その後の貯蓄残高の推移を示すキャッシュフロー表である〔図表3-8〕。

　ライフイベント表は現在価値で見積もるのに対し、一般にキャッシュフロー表は、変動率を考慮した将来価値で計上する。一般的なキャッシュフロー表の作成方法は以下のとおりである。

(1) 経過年・暦年の記入

　作成の基準となる年を設定する。〔図表3-8〕では2024年となる。この後に記入する数値は一般的にその年の12月31日現在のものとする。また、基準となる年の「経過年（経過年数）」の項目を「0（現在)」とし、両項目とも翌年以降順次1年ずつ増やしていく。

(2) 家族・年齢の記入

　一般的に、基準年以降各年に12月31日現在の年齢を記入する。

(3) 収入項目の記入

　収入については、年単位の可処分所得を記入する。給与収入であれば、前述のように収入から所得税・住民税と社会保険料を差し引いたものになり、事業所得であれば、さらにキャッシュベースの必要経費を差し引いたものになる。

　その収入に変動率を見込むのであれば、作成時点の見通しで「翌年の収入＝当年の収入×（1＋変動率)」で求められる。

　また、本人の給与収入以外の収入が見込める場合（たとえば、養老保険の満期保険金や、親からの贈与などが予定されている場合）は「一時的収入」、配偶者に給与収入がある場合は本人の給与収入と区別して「配偶者給与」、老後の収入として「公的年金」「個人年金」などのように、別項目を作成する。

　以上、細分化した収入項目の記入が終わったら、年ごとに収入項目の合計欄を作成しておく。

(4) 支出項目の記入

　支出項目は年単位で把握し、さらに基本生活費、保険料、住居費、教育費、その他生活費、一時的支出の6つに細分化することが一般的である。このように記入すると家計の分析・見直しに役立つことが多い。

　各支出項目の詳細は次の表のとおりである。

基本生活費	日常生活に不可欠な費用。食費、被服費、水道光熱費、通信費など。住居に関する費用は金額も大きく、見直しやプランニングのポイントになることも多いため、別項目とする。
保険料	生命保険・損害保険の保険料、各種共済の掛金など。
住居費	賃貸住宅の場合は、家賃、共益費など。持家の場合は住宅ローンの返済額、管理費、修繕積立金、固定資産税など。固定資産税を基本生活費に含めたり、団体信用生命保険料は保険料の項目に含める考え方もある。今後住宅を購入する場合は、購入年に頭金、初期費用等を明示する。
教育費	子どもの教育費用。学校に支払う費用のほか、学習塾・習い事・スポーツなどにかかる費用も考えられる。
その他生活費	旅行・趣味などのレジャー関連費用、冠婚葬祭に関する交際費、家族の小遣い、予定外に発生する生活関連費用など。
一時的支出	毎年定期的に支出するものではないが、今後のライフイベントで不定期に発生する支出。自動車の購入・買替え、自宅の修繕、海外旅行などの費用がある。ここに住宅購入時の頭金を入れてもよい。

　なお、支出項目について、作成時点の見通しで変動率を加味する場合は、次のように考える。

① 基本生活費、その他生活費

> 来年の基本生活費＝今年の基本生活費×（1＋変動率）

② 保険料

　保険料は、原則として毎年一定割合で増えていくものではない。たとえば、生命保険の保険料の場合、当初10年間は年間20万円、10年経過後に同様の保障内容を継続するのであれば、年間30万円になり、その後10年間その金額が続くというように、期間ごとに保険料が異なることが多い。

③ 住居費

　賃貸住宅に居住し、家賃の変動率を加味する場合は基本生活費と同様でよい。一方、住宅ローンの返済額を記入する場合は、前年度に一定割合を乗じるというものではないので、年間返済額そのものを記入する。たとえば、返済期間を通じて返済額が一定の「元利均等

返済」（金利タイプが全期間固定の場合）の方法で返済する場合は、返済終了まで同じ数字が記載される。

④ 一時的支出

n年後の金額＝現在価値×（1＋変動率）^{n年}

たとえば、現在価値で200万円の自動車を、10年後に購入するという計画があるとき、変動率を2％とすると、以下のように計算された数値が10年目の欄に記載される。

10年後の数値＝200万円×（1＋0.02)^{10}＝200万円×1.21899……≒244万円

⑤ 教育費

将来の価値は、一時的な支出と同様に変動率を加味する。

以上、細分化した支出項目の記入が終わったら、年度ごとに支出項目の合計欄を作成しておく。

(5) 年間収支の記入

各年次の収入合計から支出合計を差し引くと、年間収支が把握できる。これをキャッシュフロー表に記入する。

(6) 貯蓄残高の記入

貯蓄残高は以下のように計算する。

当年末の貯蓄残高＝前年末の貯蓄残高×（1＋運用利率）±当年の年間収支

以上のような手順でキャッシュフロー表を作成する。その結果により、今後のライフプランが実現できるかどうかを判断する。また、キャッシュフローが悪化している場合は、原因を分析し、改善案を提案する。

なお、キャッシュフロー表だけでは捉えきれない視点があることも忘れてはならない。例えば、自宅の評価額はキャッシュフロー表には含まれていないが、住宅ローン残高が少なくなった将来時点においては売却し、コンパクトな家に住み替える（売却資金での購入もしくは賃貸へ変更）といったことにより、キャッシュフローの悪化を改善できるケースも存在する。

第3章

【図表３−８】キャッシュフロー表の例

（単位：万円）

経過年数	変動率	現在 2024	1 2025	2 2026	3 2027	4 2028	5 2029	6 2030	7 2031	8 2032	9 2033	10 2034	11 2035	12 2036	13 2037	14 2038	15 2039	16 2040	17 2041	18 2042	19 2043	20 2044
家族構成																						
一部様　本人		48	49	50	51	52	53	54	55	56	57	58	59	60	61	62	63	64	65	66	67	68
住子様　配偶者		46	47	48	49	50	51	52	53	54	55	56	57	58	59	60	61	62	63	64	65	66
健太様　長男		16	17	18	19	20	21	22	23	24	25	26	27	28	29	30	31	32	33	34	35	36
洋子様　長女		14	15	16	17	18	19	20	21	22	23	24	25	26	27	28	29	30	31	32	33	34
ライフイベント																						
一部様・ご夫婦					海外旅行 150		車購入 200					リフォーム 300		定年 車購入	再雇用 海外旅行				リタイア	海外旅行 200	車購入 200	
健太様		高1			大学 入学				大学 卒業						結婚 300							
洋子様		中2		高校 入学			大学 入学				大学 卒業					結婚 200						
収入																						
給与収入（手取り）	0.5%	650	657	663	663	663	663	663	663	663	663	663	663	663	300	300	300	300	300			
児童手当	0.00%	12	12	6																		
公的年金　本人	0.00%																			220	220	180
〃　　配偶者	0.00%																					80
企業年金																				25		
一時的収入　退職金														2,466								
一時的収入　満期金					320		310				500											
収入合計		662	669	669	983	663	973	663	663	663	1,163	663	663	3,129	300	300	300	300	300	245	220	260
支出																						
基本生活費	0.5%	300	302	303	305	306	308	309	295	297	283	285	286	287	260	261	263	264	265	267	268	269
住居費	1.0%	160	160	160	160	160	160	160	160	160	160	160	160	760	10	10	10	10	10	10	10	10
教育費（長男）	1.0%	50	81	122	185	126	126	127														
教育費（長女）	1.0%	80	131	122	134	166	189	127	129	130												
保険料	0.5%	80	80	80	80	65	65	50	50	50	50	30	30	30	10	10	10	10	10	10	10	10
一時的支出（資金援助）															300	200						
車の買替え							200							210							220	
車検			15		15					15		15					15		15			
海外旅行					150										100					200		
他の一時的支出	1.0%											300										
支出合計		670	769	788	1,029	822	1,048	774	634	652	493	790	476	1,287	680	481	298	284	300	487	508	289
年間収支		▲8	▲100	▲119	▲46	▲159	▲75	▲111	29	12	670	▲127	187	1,842	▲380	▲181	2	16	0	▲242	▲288	▲29
貯蓄残高	1.0%	1,000	910	800	762	611	542	436	470	486	1,161	1,046	1,243	3,098	2,749	2,595	2,623	2,665	2,692	2,477	2,214	2,207

※給与収入は、50歳までは年1％の上昇、51歳以降＝増加ゼロ、で算出。定年後は65歳まで年収300万円の手取りと想定。

❻ 個人バランスシートの作成

　金融資産の中に価格変動リスクのあるもの（株式、投資信託など）、あるいは為替リスクのあるもの（外貨預金、投資信託など）がある場合、金融・為替・経済情勢の影響でその価格が大きく値下がりしたとき、想定している貯蓄残高が確保できない場合が考えられる。

　また、住宅を買い替える計画がある場合、キャッシュフロー表上では買替えが可能であっても、不動産価格が大きく値下がりしたり、現在の住宅ローンの状況によっては、実際には買替えが実行できないことも想定される。

　したがって、キャッシュフローの管理とともに、資産・負債の管理を同時に行うことが重要になる。企業においてバランスシートを作成して資産・負債の分析を行うのと同様に、個人においてもその世帯の資産・負債の状況を把握する必要がある。この個人バランスシートを作成することにより、キャッシュフロー表では発見できない問題点を抽出することができる〔図表3－9〕。

　一般的なバランスシートの作成方法は以下のとおりである。

（1）資産の記入

　表の左側（借方）に資産を記入する。資産には預貯金、有価証券や生命保険などの金融資産のほか、不動産、自家用車、ゴルフ会員権など換金可能な資産も含まれる。いずれも取得価額ではなく、時価で記入する。生命保険などは記入時点の解約返戻金相当額を記入する。

〔図表3－9〕個人バランスシート

資　産		負　債	
現預金	300万円	住宅ローン	3,000万円
ＭＲＦ	100万円	カードローン	30万円
株　式	100万円	〔負債合計〕	3,030万円
株式投資信託	100万円		
生命保険	100万円		
住　宅	2,600万円		
自家用車	100万円	〔純資産残高〕	370万円
〔資産合計〕	3,400万円	〔負債・純資産合計〕	3,400万円

（※）個人バランスシートでは、資産も負債もすべて時価で計上する。

（2）負債の記入

　表の右側（貸方）に負債を記入する。個人の負債は主に住宅ローンや自動車ローン、カードローンなどである。当初借入金額ではなく、記入時点の残高で記入する。

（3）純資産の記入

　資産合計から負債合計を差し引いたものが純資産となる。負債が少なければ純資産は相対的に大きくなり、負債が資産を上回れば純資産はマイナスの数値になり、いわゆる債務超過と呼ばれる状態である。

第3章

実務上のポイント

- キャッシュフロー表の作成において、貯蓄残高は、「前年末の貯蓄残高×（1＋運用利率）±当年の年間収支」の算式により計算した値を記入する。
- 可処分所得＝年収－（所得税・住民税＋社会保険料（※））
- （※）社会保険料：厚生年金保険料・国民年金の保険料、健康保険料、国民健康保険料、介護保険料、雇用保険料
- 終価係数：複利計算による将来の金額を計算する。
- 現価係数：将来の貯蓄目標額を達成するために現在必要となる元本を計算する。
- 年金終価係数：毎年一定額を積み立てた場合の将来の合計額を計算する。
- 減債基金係数：将来の貯蓄目標額を達成するために必要となる毎年の積立額を計算する。
- 年金現価係数：毎年一定額の年金を受け取る（取り崩す）ために必要となる元本（年金原資）を計算する。
- 資本回収係数：年金原資（借入金額）から受取年金額（年間ローン返済額）を計算する。
- 終価係数と現価係数、年金終価係数と減債基金係数、年金現価係数と資本回収係数はそれぞれ逆数の関係にある。

第 **4** 章
ライフプラン
策定上の資金計画

第 1 節

住宅資金プランニング

❶ 住宅取得の考え方

「夢のマイホーム」という言葉があるように、マイホームは人生における大きなイベントの一つだ。しかし、昨今では、非正規雇用の増加、給与収入の伸び悩みなどの外的要因や価値観の多様化により、必ずしもマイホームを取得することに執着しない人は増えている。マイホームを持つ場合のメリット、デメリット、賃貸のメリット、デメリットをしっかりと検討し、マイホームを取得するかどうかを考えなければならない。

物件に関しては、場所、間取り、取得費、ランニングコスト、税金をしっかり考慮し、ライフプランニングに組み込まなければならない。そのうえで、取得可能か、取得すべきかを決める必要がある。

住宅を取得する場合、多くの人が住宅ローンを利用することになるが、その際には以下の点に留意する必要がある。

①購入物件の価格は妥当か（自己の収入等を勘案して過大ではないか）
②定年までに返済を終了できるか（退職金を返済に使わないのが理想）
③金利状況に応じた住宅ローンの選択（固定金利・変動金利等）をしているか
④頭金は過小ではないか（住宅ローンの割合が過大ではないか）
⑤月々の返済額は過大ではないか
⑥ボーナス払いの割合が過大ではないか（ボーナスカットのリスクを考える）
⑦将来の昇給を過大に見積もった返済計画ではないか
⑧通常の返済額に加えマンションの管理費や固定資産税など必要なランニングコストも見込んでいるか
⑨教育資金や老後資金の準備に支障を来さないか
⑩住宅取得時の税金や諸費用を見込んでいるか

❷ 購入時の諸費用

　住宅の購入時には、物件の代金のほか、諸費用を負担することを忘れてはならない。諸費用の項目をリストアップし、総額でどのくらい準備しなければならないかを把握し、なるべくなら自己資金で準備しておきたい。

　具体的に、印紙税、登録免許税、不動産取得税、購入年度分の固定資産税・都市計画税などの税金がある。また、中古物件等を業者の仲介で購入する際には仲介手数料がかかる。そのほか、登記を代行する司法書士に支払う報酬や、ローンを利用する場合はローンの担保となる抵当権設定費用、住宅ローンの事務手数料や保証料、公的融資を受けるまでに必要な「つなぎ融資」の利息、引越し費用、家具・内装の費用などがある。

　これら諸経費の目安は、新築物件では物件価格の約5～7％、中古物件では物件価格の約5～10％（仲介手数料の約3％を含む）とされる。つまり、3千万円の物件を購入し、35年の住宅ローンで全額を賄った（フルローン）場合、購入から入居1年目までの間に200万円以上の諸費用がかかることもある。なお、諸費用を含めて住宅ローンを借りることができる場合が多い。

① 仲介手数料

　宅地建物取引業者の媒介等により不動産取引をしたときに、業者に支払う報酬である。

② 印紙税

　不動産を購入する際の売買契約書や建築工事の請負契約書、住宅ローンの金銭消費貸借契約書などを作成した場合に、文書の種類や契約金額等に応じて課される。

③ 融資事務手数料

　住宅ローンを利用する際の手数料である。銀行ローンでは3万3,000円～5万5,000円の定額タイプと、融資金額に対して一定の割合とする定率タイプがある。

④ 保証料（ローン保証料）

　住宅ローンを借りる場合、一般的には指定された保証会社に保証料を支払うことが必要である。多くの金融機関がこのタイプ（＝保証型）の住宅ローン商品を取り扱っているが、近年では、融資事務手数料を高額とする代わりに保証料を不要とするタイプ（＝融資手数料型）の取り扱いも広がっており、「フラット35」やネット銀行、大手銀行などでは、後者の融資事務手数料は「融資額×2.2％」程度の水準である。「保証料型」の住宅ローン商品では、保証料を一括で支払うタイプ（外枠方式）と、保証料相当分（0.2％程度）を融資金利に上乗せして返済額に含めるタイプ（内枠方式、または保証料内包式）の2種類

第4章

があるが、前者の利用が圧倒的に多い。

なお、一部繰上げ返済や全額繰上げ返済を行った場合、支払った保証料のうち一定額は返還されるが、融資事務手数料は戻ってこない。

⑤ 団体信用生命保険料

団体信用生命保険（以下、「団信」という）は、ローンの借入者（一部の金融機関やローン商品では連帯債務者も含む）が団体扱いで加入する生命保険である。

一般的な団信では、加入者が死亡または高度障害となった場合に、住宅ローンの残債が保険金で全額弁済され、遺族は債務から解放される。

近年では、これに加えてがんなど特定の疾病で所定の要件を満たした場合にも弁済が行われるタイプの団信（がん団信や、3大疾病団信など）も取り扱いが広がっている。

民間住宅ローンを借りる際には団信への加入が融資の条件となっており、一般団信では保険料が不要である（＝融資金利に内包されている）。これに対して、がん団信などには原則として融資金利に0.1〜0.3%程度を上乗せして任意で加入することになる。

一方、住宅金融支援機構が介在するタイプの住宅ローンである「フラット35」や「財形住宅融資（機構直貸)」では、団信（＝機構団信）への加入は必須ではない。加入する場合は、「機構団信（およびペア連生団信)」、または「3大疾病付機構団信」で、団信の種類に応じて融資金利が異なり、健康状態その他の理由から加入しない場合は融資金利が0.2%低くなる。

なお、2017年9月以前の申込みの「フラット35」では、団信の加入は任意であり、加入している債務者は、返済額のほかに住宅金融支援機構の団信特約料を毎年支払っている。

⑥ 火災保険料・地震保険料

住宅を購入・建築して住宅ローンを借りる場合、原則として火災保険に加入することが求められる（地震保険は任意)。契約する損害保険会社や商品は自由だが、物件の販売元が提携する火災保険で申し込んだり、借入先の金融機関で団体扱いとして申し込むと保険料が割安になることが多い。

火災保険料は、火災保険の種類や保険金額、契約期間などで異なり、最長5年の一括払いで契約する場合は、マンションだと専有部分のみの加入であるため数万円程度だが、戸建て住宅ではより多くの保険料が必要となることもある。

⑦ 登録免許税

住宅ローンの借入れに伴う抵当権設定登記、所有権移転登記などに対して課される。

⑧ 不動産取得税

不動産を取得したときに原則として課税される。

⑨ **登記関連費用**

抵当権設定登記、抹消等にかかる費用を、司法書士報酬として支払う。

③ 自己資金の形成プラン

住宅を取得する際には住宅ローンを利用する人が多いが、住宅ローンを利用するために
は、物件価格の少なくとも1～2割の頭金を準備すべきと言われてきた。これは、住宅ロ
ーンを利用する場合の借入可能額が、購入金額の80～90％までとなっているケースが多か
ったためである。現在では、多くの住宅ローン商品で、物件価格全額に加え諸費用も含め
た借入れをすることができるが、頭金を準備しておいたほうが、ローン審査は通りやすく
なる。また、住宅購入時の頭金に充当するという目的が明確になっていることから、安全
性を重視した金融商品選択が求められる。また準備を始めた時期から、購入のために引き
出すまでの期間も勘案する必要があろう。

住宅資金づくりのための代表的な金融商品として財形住宅貯蓄がある。財形住宅貯蓄は、
勤務先事業所が従業員からの申出により、従業員の給与から一定額を天引きし、契約する
金融機関の積立商品に預入れを行う財形貯蓄制度の一つである。一定の要件を満たす住宅
の購入・増改築の費用に充当する場合、財形年金と合わせて元利金合計（保険型商品の場
合は払込保険料累計額）が550万円までは利子が非課税になる。

この財形住宅貯蓄、もしくは他の財形貯蓄（一般財形と財形年金貯蓄）を1年以上継続
し、その貯蓄残高が50万円以上ある人は、公的住宅融資の1つである財形住宅融資を利用
することができる。

なお、低金利であるため、住宅借入金等特別控除（住宅ローン控除）を効率よく利用す
るために限界までローンを組む方法を取ることも可能である。しかし、住宅ローンの返済
がキャッシュフローに与える影響は長期にわたりきわめて大きいため、返済可能かを慎重
に検討しなければならない。また、住宅ローン控除を効率よく活用するために頭金を少な
くして借入金を多くする場合であれ、一定額の貯蓄は必要であり、住宅ローン控除の期間
が終わった段階で、繰上げ返済を検討したい。

第4章

❹ 住宅取得・譲渡と税金

住宅取得時には前述のとおり、不動産取得税、登録免許税、印紙税など各種の税金がかかる。また、夫婦で住宅を取得する場合などは、実際の資金負担割合（自己資金＋借入額）と異なる割合で登記すると、資金負担分と異なる部分は贈与と扱われ贈与税が課税される。また、以下のような住宅取得促進のための優遇税制がある。

(1) 直系尊属から住宅取得等資金の贈与を受けた場合の贈与税の非課税制度

2026年12月31日までの間に、自己の居住の用に供する一定の家屋の新築、取得または増改築のための資金を父母や祖父母など直系尊属からの贈与により取得した場合には、省エネ等住宅は1,000万円、その他は500万円まで贈与税が非課税となる。

この制度は、暦年課税と相続時精算課税のいずれの場合でも適用できる。住宅の床面積については、50m²以上240m²以下であることが要件であるが、贈与を受けた年分の受贈者の合計所得金額が1,000万円以下である場合、床面積要件の下限が40㎡以上となる。

(2) 住宅借入金等特別控除

いわゆる「住宅ローン控除」と呼ばれる制度であり、一定の要件を満たす住宅を購入したり、増改築を行ったときに、公的融資や民間の住宅ローンを償還期間10年以上で借り入れているなどの要件を満たせば、所得税（所得税から控除しきれない場合は翌年度の住民税）から一定の税額を控除できる税額控除である。建物および建物と一体として購入する土地に関する借入金が対象となり、土地のみの購入の場合には適用を受けられない。給与所得者の場合、適用を受けようとする初年度は確定申告を行って還付を受けるが、次年度からは年末調整で還付を受けることができる。

(3) 居住用財産の譲渡損失の3年間の繰越控除

個人が一定の条件を満たす居住用財産を譲渡し、譲渡損失の金額があり、損益通算後においても控除しきれない譲渡損失の金額があるときは、翌年以降3年間にわたり繰越控除することができる。住宅ローンを利用して新しい物件に買い換えた場合に、また、買い換えない場合でも一定限度額までは、適用を受けられる。

なお、これらの優遇措置については、詳細に適用要件が定められているので、その要件

を満たすかどうかの確認が必要となる。

❺ 住宅ローンの仕組み

住宅ローンの返済方法は、以下の2つに分けられる。

(1) 元利均等返済

元利均等返済は、毎回の返済額（元金＋利息）が一定で、返済当初は元金が多いため利息の割合が大きいが、返済期間が経過するにつれて元金返済部分の割合が大きくなる返済方式である〔図表4－1〕。

返済額は一定であるが、総返済額は元金均等返済に比べ大きくなる。

(2) 元金均等返済

元金均等返済は、毎回の元金部分の返済額が一定であり、返済期間が経過するにつれて利息の支払額が減少していく返済方式である〔図表4－2〕。

総返済額は元利均等より少なくなるが、若いころの返済が大きくなるため、子育て世代などには負担が重い。

❻ 住宅ローンの種類と内容

(1) 民間住宅ローン

銀行や信用金庫、住宅ローン専門会社などが行う住宅融資を民間住宅ローンと呼ぶ。

民間住宅ローンでは、収入状況や住宅の担保価値など実質的な審査が行われる。また、各金融機関により融資対象や融資条件はそれぞれ異なるため、借入れを検討する際に確認が必要である。

民間住宅ローンの特徴は以下のとおりである。

① 対象物件に対する規制が少ない

公的融資に比べ、価格や面積などに関する規制が少ない。特に、築年数に関する規制はほとんどない。

第4章

〔図表4−1〕元利均等返済の仕組み

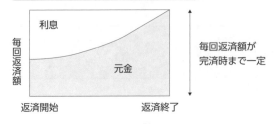

〔図表4−2〕元金均等返済の仕組み

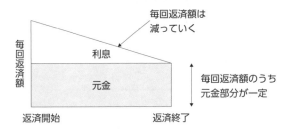

② 収入基準が比較的緩やか

勤続年数条件（3年以上など）のあるところが多くあるが、年間返済額の年収に対する比率が最高35〜40％までとしている金融機関が多くなっている。

③ 返済終了時の年齢制限がある

最長返済期間の範囲内で、かつ最終返済時の年齢が80歳まで、といった制限がある。年齢制限は金融機関によって異なる。

④ 金利は融資実行日のものが適用される

公的ローンでは申込日の金利が適用されるが、民間住宅ローンは融資実行時点の金利になるのが通常である。実態として、金利は各会社が公表している基準金利から「基準金利−1.2％」のように割引されて表示されているが、最大の割引で表示されていることが多く、必ずしも最大割引後の金利になるとは限らない。

⑤ 団体信用生命保険がセットされている

民間住宅ローンでは、原則として団体信用生命保険（団信）に加入することが融資の条件となっており、健康状態によっては融資が受けられない場合がある。

⑥ 借換えでも利用できる

公的ローンの多くは借換えでの利用ができないが、民間住宅ローンは借換えでも利用で

きる。

金利によるローンの種類として、以下のようなパターンがある。

a．変動金利型ローン

融資を受けた後、返済期間の途中で金利が変動するものである。大半の民間住宅ローンでは、毎年4月と10月の各1日に金融機関が定める短期プライムレートを基準に年2回の金利の見直しを行う。返済額は5年ごとに見直し、返済額が増える場合は、元の返済額の1.25倍を超えないように調整される。なお、一定期間は上限金利を設定し、利率が見直されても、その上限金利を超えない「上限金利設定型」もある。

b．固定金利期間選択型ローン

一定期間（1〜30年など）を選択し、その期間内は固定金利が適用される。

固定金利期間終了後、変動金利か再度固定金利かを選択できる。

c．固定金利型ローン

全期間固定金利のローンである。

(2) 財形住宅融資

財形貯蓄をしている勤労者に融資をする制度で、勤務先の事業主を通じて独立行政法人「勤労者退職金共済機構」から借りる財形持家転貸融資、勤務先が「財形住宅金融（株）」という福利厚生会社の出資企業で財形住宅金融を窓口に借りる融資、共済組合を通じて公務員が借りる融資、この3つの融資を受けられない勤労者等が独立行政法人「住宅金融支援機構」を通して借りる財形住宅融資がある。

このうち、財形住宅融資を受けるための主な融資条件は、以下のとおりである。

① 申込者本人が所有し、本人が居住すること

② 財形貯蓄を1年以上継続し、残高が50万円以上あることおよび借入申込日前2年以内に財形貯蓄の預入れを行っていること

③ 事業主から一定の利子補給等の負担軽減措置があること

④ 総返済負担率が次の基準を満たしていること

年収	400万円未満	400万円以上
基準	30%以下	35%以下

⑤ 借入申込日において、満70歳未満（リフォーム融資の場合は満79歳未満）であること

財形住宅融資の融資限度額は、財形貯蓄残高の10倍、最高4,000万円まで（物件価額の90%が限度）である。フラット35との併せ融資で建築費・購入価額の100%まで借入れで

第4章

きる。

(3) 地方自治体融資

制度としては、次のように分類される。

- 直接融資：地方自治体の資金を直接融資する。
- 融資あっせん：地方自治体が特定の金融機関をあっせんし、融資金利の一部を負担する。

昨今では、自治体の財政難などから取扱いはほぼ終了しており、後述する住宅金融支援機構と協調した制度（「フラット35（地域連携型）」等）への移行が進んでいる。

住宅の取得を予定する地域における、これらも含めた融資制度の有無と、金利や融資額等の条件をまずは確認しておきたい。

(4) フラット35

「フラット35」は、住宅金融支援機構と民間金融機関のコラボレーションタイプの住宅ローンであり、新築住宅を取得する際にフラット35を利用するためには、当該住宅について、独立行政法人住宅金融支援機構が定める技術基準（省エネ基準）に適合していることを示す適合証明書を取得する必要がある。

また、融資の一部をホームインスペクション（住宅診断）に係る費用、登記に係る費用、火災保険料・地震保険料などの付随費用に充てることもできる。

融資主体は民間金融機関だが、融資実行後に住宅金融支援機構が住宅ローン債権を買い取ることで、民間金融機関の長期・固定金利融資による金利変動リスクを機構が肩代わりしている。債権を買い取った住宅金融支援機構は、これを裏づけとした資産担保証券（MBS）を発行して、投資家に販売することで資金調達を行う〔図表4－3〕。商品概要は〔図表4－4〕のとおりである。あくまでも民間住宅ローンであるため、融資金利は取扱機関によって異なる。

「フラット35」には、要件を満たした場合に適用される「金利引下げ制度」が以前から存在したが、2024年2月13日以降は「ポイント制」に移行した〔図表4－5〕。「1ポイントにつき、5年間にわたり、0.25％の引き下げ」が原則であり、ポイントが増えるごとに0.25％ずつ引き下げ幅が拡大する。

①子育てプラス

若年夫婦世帯（借入申込年度4月1において夫婦のいずれかが40歳未満）または子どもがいる場合、金利が引き下げられる。

〔図表4－3〕フラット35（買取型）の仕組み

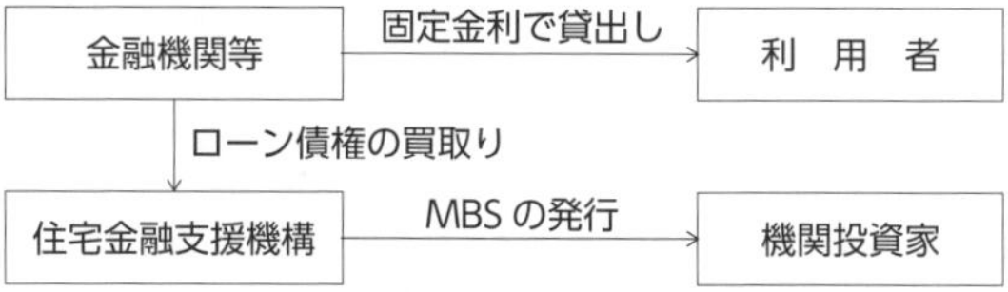

```
┌──────────────┐  固定金利で貸出し  ┌──────────────┐
│  金融機関等   │ ──────────────→ │  利 用 者    │
└──────────────┘                  └──────────────┘
       │ ローン債権の買取り
       ↓
┌──────────────┐   MBSの発行    ┌──────────────┐
│住宅金融支援機構│ ──────────────→ │ 機関投資家   │
└──────────────┘                  └──────────────┘
```

〔図表4－4〕フラット35（買取型）の概要

融資主体	民間金融機関等（融資後、住宅金融支援機構がローン債権を買い取る）
融資対象	機構の技術基準を満たした個人の住宅建設、新築・中古住宅の購入等 購入（建築）代金の上限はなし 親や子ども等の親族が居住するための住宅を取得する場合も利用可 投資用物件など、第三者に賃貸する目的で取得する場合は利用不可
面積要件	敷地の面積：要件なし（※1） 戸建ての床面積：70㎡以上、マンション：専有面積30㎡以上
融資金額	建設費または購入価額以内（※2）で、100万円以上8,000万円まで
返済期間	返済期間15～35年（80歳完済）、なお60歳以上の人は10年以上（※3）
金利	融資金利は金融機関等が毎月決定する（利用する申込先で金利は異なる） 金利タイプは全期間固定金利型。一部では段階金利型の設定もある 原則として、融資実行時点の金利が適用される 返済期間20年以下と21年以上で適用金利が異なる 建設費、購入価額の9割を超えて借りる場合は、全体の金利が高くなる
収入基準	すべての借入れに対する返済の負担率が、次の割合を満たすことが必要 ・年収400万円未満：30%以下 ・年収400万円以上：35%以下
融資事務手数料	金融機関によって異なり、以下の2つに大別される ・定額型：融資金利が高い代わりに手数料が3万～5万円程度と安いタイプ ・定率型：融資金利が低い半面、手数料は融資額の0.8～2.2%程度と高いタイプ
保証人	不要（保証料も不要）
物件の検査	融資を受けるための検査費用が必要
団信保険	原則として新機構団体信用生命保険に加入する（団信保険料は金利に含まれている） 健康上の理由等で加入しない場合は、貸出金利が0.2%下がる
火災保険	一般の火災保険の付保が必要
担保設定	住宅金融支援機構が第1順位の抵当権を設定
繰上げ返済	100万円以上（住宅金融支援機構のホームページでの手続の場合、原則10万円以上）で可。手数料は無料。返済の1カ月以上前に申出が必要

（※1）借地権でも利用できるが、返済期間などで細かい制限がある
（※2）仲介手数料、登録免許税、司法書士報酬、融資事務手数料、火災保険料、借換前の住宅ローンの繰上げ返済手数料および経過利息（「フラット35借換融資」のみ）等を含めることができる
（※3）親子リレー返済を利用する場合、子などローン承継者の年齢に基づく上限が適用

第4章

② 「フラット35」S

　耐震性やバリアフリー性、省エネルギー性などに優れた住宅を取得する場合に、「フラット35」の融資金利が引き下げられる。

③ 「フラット35」リノベ

　リノベーション（性能向上）が実施された中古住宅を購入する際に利用できる「買取再販タイプ」と、中古住宅の購入時に一定の性能向上リフォームを行う際に利用できる「リフォーム一体タイプ」がある。「フラット35」維持保全型とは併用できない。

　その他主なラインナップは以下の通りである。

④ 「フラット35」（維持保全型）

　維持保全・維持管理に配慮した住宅や既存流通に資する住宅（管理計画認定マンション、予備認定マンション、長期優良住宅等所定の住宅）を取得する場合に【フラット35】の借入金利が引き下げられる。

⑤ 「フラット35」（地域連携型）

　子育て支援・地域活性化について積極的な取組みを行う地方公共団体と住宅金融支援機構が連携し、実施を行う制度。地方公共団体から、「【フラット35】地域連携型利用対象証明書」の交付を受ける等所定の要件を満たす必要がある。

⑥ 「フラット35」（地方移住支援型）

　地方移住支援を目的とした制度。地方公共団体から移住支援金の交付通知書を受ける等、所定の要件を満たす必要がある。単独利用の場合、フラット35の金利が当初5年間、0.6%引き下げられる。

⑦ フラット20「ダブルフラット」

　「フラット35」（返済期間21年以上35年以内）と、「フラット20」（同15年以上20年以下の通称）を、異なる返済期間で自由に組み合わせて借りる制度。フラット20はフラット35よりも低い金利で借り入れることができる。

　具体的には、次のような組合せが選択できる。

　ａ．フラット35＋フラット20

　（例）フラット35（30年返済）＋フラット20（20年返済）

　ｂ．フラット35＋フラット35

　（例）フラット35（35年返済）＋フラット35（25年返済）

　ｃ．フラット20＋フラット20

　（例）フラット20（20年返済＋15年返済）

　定年後に毎月の返済額を少なくしたい場合などに利用するとよい。

【図表４−５】フラット35等の金利引き下げ制度（ポイント制）

家族構成と建て方に合わせた組合せで金利を引下げ！

下記①〜④のグループごとに選択できるメニューは１つまでです。

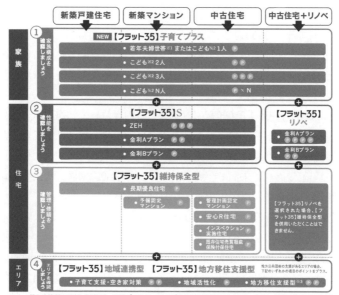

※１ 借入申込時に夫婦（法律婚、同性パートナーおよび事実婚の関係をいいます。なお、婚約状態の方は対象外です。）であり、夫婦のいずれかが借入申込年度の４月１日において40歳未満である世帯をいいます。
※２ 借入申込年度の４月１日において18歳未満である子（実子、養子、継子および孫をいい、胎児を含みます。ただし、孫の場合はお客さまとの同居が必要です。また、別居しているこどもの場合は、お客さまが親権を有していることが必要です。）をいいます。
※３ 地方移住支援型を単独で利用する場合は、上記によらず当初５年間年▲0.6％となります。

積算ポイントに応じて金利を引下げ！

【フラット３５】子育てプラスを利用されない場合は、４ポイント（当初５年間年▲1.0％）が上限です。

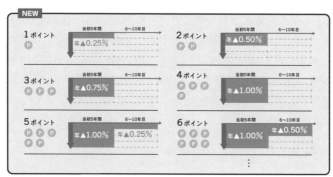

出所：住宅金融支援機構

審査の際に収入基準がクリアできるかという点と、ローン契約が2本になるため、抵当権設定等の諸費用が増える点には留意が必要である。

⑧ フラット50

「フラット50」は、認定長期優良住宅の新築・中古住宅を対象に、返済期間が36年～最長50年となる住宅ローンである。主な内容や注意点は次のとおりである。

a．利用できるのは長期優良住宅（新築・中古）等の取得時で、中古住宅の場合は、申込み時点において、竣工から2年を超えている住宅または既に人が住んだことのある住宅。

b．融資金額は100万円以上**8,000万円**以下（1万円単位）で、建設費または購入価額の**9割**以内。フラット35やフラット20と併せて利用する場合、建設費または購入金額まで借入れることができる。

c．申込時の年齢が満44歳未満で、完済時の年齢が満80歳未満。ただし、親子リレー返済を利用する場合は、後継者の年齢が基準となる。

d．返済期間は36年以上かつ、（1）80歳から申込時の年齢（1歳未満切上げ）を引いた年数または（2）50年の、いずれか短い年数。

e．全期間固定金利。なお、通常は「フラット35S」「フラット35地域連携型・地方移住支援型」「フラット35維持保全型」「フラット35リノベ」の適用も可能である。

f．同一機関で申し込めば、「フラット35」または「フラット20」との併用が可能。「フラット35」と合わせて、非住宅部分を除く建設費または購入価額（200万円以上8,000万円以下）まで利用できる。

g．将来的に住宅を売却する際には、対象物件の購入者が「フラット50」の融資を引き継ぐことができる。

⑨ 金利引継特約付き「フラット35」

「フラット35」の借入対象となる長期優良住宅の売却時に、返済中の「フラット35」を住宅購入者へ引き継ぐことができる制度。金利を引き継ぐことができるため、金利上昇局面においては、新規に住宅ローンを借りるよりも低い金利で利用できる可能性がある。

さらに、脱炭素社会の実現に向けて、2023年4月以降設計検査申請分から新築住宅における〔フラット35〕の省エネ基準が見直され、すべての新築住宅において、基準を満たすことが必要になった。

(5) リ・バース60

「リ・バース60」は、満60歳以上の方向けの住宅ローンであり、毎月の支払は利息のみ

〔図表 4 － 6 〕 リ・バース60の概要

融資主体	民間金融機関等（融資後、金融機関は住宅金融支援機構に住宅融資保険契約の保険料を支払い、相続人の方からの一括返済が直ちに見込めない場合、機構は金融機関に対して保険金を支払う（保険代位）。機構は担保物件（住宅および土地）の売却により回収）
融資対象	① 住宅の建設・購入 ② 住宅のリフォーム ③ サービス付き高齢者向け住宅の入居一時金 ④ 住宅ローンの借換え ⑤ 子世帯などが居住する住宅の取得資金を借り入れるための資金
対象者	借入申込日時点で満60歳以上 （満50歳以上満60歳未満の場合はリ・バース50となり、融資金額は担保評価額の30％に限定される）
融資金額	以下のうち最も低い額 ① 8,000万円 ② 建設・購入に必要な費用 ③ 担保物件の評価額×50％ または60％（長期優良住宅の場合は55％ または65％）
金利	融資金利等は金融機関が決定し、利用する貸出先で金利は異なる（変動金利の場合は、毎月の返済額または支払額が変動することがある）
収入基準	すべての借入れ（リ・バース60を含む）に対する返済の負担率が、次の割合を満たすことが必要 ・年収400万円未満：30％以下 ・年収400万円以上：35％以下

で、元金は借手が亡くなったときに、相続人が一括して返済する（リコース型）か、あるいは担保物件（住宅および土地）の売却によって返済する（ノンリコース型）商品である。

リ・バース60の商品概要は、〔図表4－6〕のとおりである。

❼ 住宅ローンの借換え

住宅ローンの借換えとは、現在返済中の住宅ローンを別途借り入れた住宅ローンで一括返済することをいう。高金利で借り入れた住宅ローンを低金利の住宅ローンに借り換えることによって、金利負担を軽減することができる。

住宅ローンの借換えの検討にあたっては、借換え前と借換え後の金利比較がポイントになるが、金利以外にもさまざまな点を考慮する必要がある。

一般論としては、①ローン残高：1,000万円以上、②残り返済期間：10年以上、③借換

え前後の金利差：１％以上、という３つの要件を満たせば借換え効果があるとされている。実際は0.5％前後の金利差でも効果が出る場合があるため、試算を行うべきであろう。

借換えに際しては、次の点に注意が必要である。

a．公的融資（財形住宅融資等）への借換えはできない。なお、「フラット35」への借換えは可能となっており、また、現在、「フラット35」を借りている人も、借入れから１年以上経過しており、借換融資の申込日の前日までの１年間、遅滞なく返済していれば、別の金融機関等を通して申し込むことによって、「フラット35」から「フラット35」への借換えが可能である。

b．担保評価によっては借換えできないケースがある。

c．民間住宅ローンに借り換える場合は、新規で団体信用生命保険に加入することが必要となる。既往症などにより団体信用生命保険に加入できない場合は、民間住宅ローンでの借換えはできないのが一般的であるが、加入条件を短くして保険料（金利）負担が多くなる引受条件緩和型団信（ワイド団信）に加入できる場合もある。

d．借換えにあたっては、保証料、抵当権抹消費用、抵当権設定費用等の諸費用が必要となる。なお、既存の住宅ローンの保証料が一部戻ってくることもある。

e．変動金利型ローンに借り換える場合は、金利上昇リスクがある。高金利時の固定金利型ローンを低金利のローンに借り換えれば利息の軽減効果は大きいが、低金利時の固定金利型ローンを金利差の少ない変動金利型ローンに借り換えると、金利上昇リスクは大きくなる。

f．借換えにあたり借入期間を延長することが可能な金融機関もあるが、当面の返済額は減っても借入期間が長くなるため、全体の利息軽減効果は薄れることになる。その場合、完済の時期が定年以降にならないように設定したい。

❽ 住宅ローンの繰上げ返済

繰上げ返済とは、手元の余裕資金でローンの元金の一部あるいは全部を繰り上げて返済することにより、利息を節約し、トータルの返済額を削減する方法である。繰上げ返済額はその全額が元金の返済に充当される。繰上げ返済には、返済額は従来どおりで返済期間を短縮する方法（期間短縮型）と、返済期間は従来どおりで毎回の返済額を減額する方法（返済額軽減型）の２つがあるが、利息の軽減効果（絶対額）が大きいのは期間短縮型である〔図表４－７〕。

〔図表4－7〕繰上げ返済のイメージ

●期間短縮型

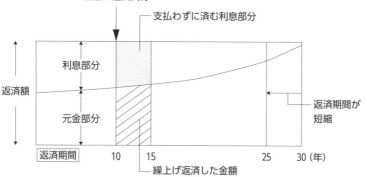

●返済額軽減型

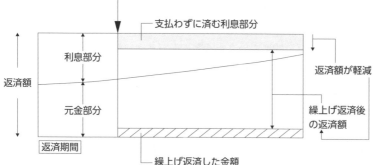

繰上げ返済のポイントは以下のとおりである。

① 早く実行するほど有利である（繰上げ返済により減少する元金部分に対応する利息の割合が早期のほうが大きいため）。

② 繰上げ返済をし過ぎてローンの償還期間が、当初定められていた最初に償還した月から、その短くなった償還期間の最終の償還までの期間が通算10年未満になると、住宅借入金等特別控除を受けることができなくなる。

③ 期間短縮型は、退職後までローンを残さないという目的に活用できる。返済額軽減型は、子どもの大学教育費負担が重い時期などに、住宅ローン負担を軽減する目的に活用することができる。

返済効果を上げるためには、以下の点について検討するとよい。

- 金利の高いものから先に返済する。
- 残りの返済期間の長いものから先に返済する。
- 借入残高の多いものから先に返済する。
- できるだけ早い時期に実行する。
- 無理のない返済額にする。

繰上げ返済実行時には、手数料がかかるのが一般的であるが、最近では繰上げ返済の手数料を無料にする金融機関もある。また、民間の固定金利選択型ローンは一定期間繰上げ返済を認めないところもあるため、確認が必要である。

❾ 住宅の買換え、リフォーム、建替え、バリアフリー化

(1) 買換え

一般的に、住宅は新築から時間が経過するにつれて修繕や補修の必要性が高まっていく。また、子どもが社会人となり経済的にも自立すると、夫婦2人で住める広さで十分となる。こうした理由から定年前後、50代から60代前半にかけて、住宅の買換えをする人がいる。買換えのパターンとしては、都会の住まいを売却し郊外や田舎に家を建てたり、逆に郊外の一戸建てを売却したり賃貸して、都会のマンションに住むといったものがある。

既存住宅を売却して新居を購入する場合は、既存住宅については譲渡損失が出る場合があり、その際は「居住用財産を買換えた場合の譲渡損失の損益通算及び繰越控除」の活用により税額の軽減が可能となる。新居について新たにローンを組む場合は、定年前なら退職金でローンを返済してしまうことも考えられる。また、既存住宅を賃貸に出せば、定期的な収入が得られることになる。

いずれにせよ大きな住宅ローンを老後ずっと抱えるのはリスクがあるので、なるべく自己資金で対応するか、短期で返済できるように計画することが重要である。

(2) リフォーム、建替え

一定期間を経過した住宅はリフォームが必要になり、場合によっては建替えも必要になる。また中古住宅を購入してリフォームする場合もある。

建替えについては、子どもが自立する、逆に二世帯住宅にするなど、家族構成の変化に

よって設計が異なり、また利用できるローンも工夫できる点に留意したい。

　一方、リフォームの場合には「リフォームローン」を利用することになり、住宅ローンと比べると、返済期間が短く（おおむね10〜15年以内）、金利水準も高い場合が多い。財形住宅融資に限っては、リフォーム融資においても通常の融資と同じ条件で利用できるが、担保設定が必要となる。

　また、住宅金融支援機構の直接融資では、高齢者向け返済特例制度を利用してバリアフリー工事または耐震改修工事を行う場合に限り利用できるリフォーム融資がある。

　建替え・リフォームいずれの場合もローンが定年後まで続くことのないように繰上げ返済も含めた返済計画をよく練っておくことが大切である。

　二世帯住宅については、①同居型（寝室以外は共有）、②共用型（生活空間の一部を共用しながら内部で往来できるもの）、③分離型（生活空間が完全に独立しているもの）といったタイプがあり、それぞれ融資、税制の取扱いや登記方法が異なる。

(3) バリアフリー化

　高齢者にとって身体機能が衰えても、住みやすく、ケガや事故のないように住宅をより安全に改良することをバリアフリー化という。住宅金融支援機構などでは、これらのバリアフリー化に伴う工事費用を融資する制度を設けている。

第4章

実務上のポイント

- 住宅ローンの一部繰上げ返済では、期間短縮型のほうが、返済額軽減型よりも利息軽減効果は大きい。
- 元利均等返済と元金均等返済を比較した場合、ほかの条件が同一であれば、利息を含めた総返済金額が多いのは元利均等返済である。
- フラット35では、インターネットを利用して一部繰上げ返済を申し込む場合、返済可能金額は10万円以上である。
- フラット35の融資金利は、一律ではなく、取扱金融機関がそれぞれ独自に設定している。
- フラット35は、借換えで利用することもできる。
- フラット35の要件として、戸建ては床面積70㎡以上（敷地面積要件なし）、マンションは専有面積30㎡以上である。
- フラット35は、一定の床面積基準を満たし、住宅金融支援機構が定める技術基準を満たした住宅が対象である。
- フラット35の返済方法は、元利均等返済または元金均等返済である。
- 年収400万円以上の者のフラット35の収入基準は、ほかの借入れの返済も含め、年間合計返済額は年収の35％以下である。

教育資金プランニング

❶ 教育プランと教育費

　教育は、住宅取得、老後生活と並んで多額の資金を必要とする。しかも住宅資金と異なって、小学校、中学校、高校、大学と一定年齢になれば必ず一定の資金が必要になるという特徴をもっている。

　子どもの教育費は年々増加傾向にあり、30〜40代の家計に占める教育費割合は非常に大きい。さらに自宅外通学となると、学費のほかに生活費・住居費の仕送りが必要になるなど、大きな負担となる。また、公立・私立の別、大学の文系・理系・医系のコース別などで、その費用も大きく異なることや、教育費には塾や習い事等の費用も考慮しなくてはならないことに留意する必要がある。したがって、子どもの教育費用は、子どもが小さいうちから計画的に資金を準備していく必要がある。

　なお、2010年度より子ども手当が創設された（2012年度から児童手当に移行）。その後、公立高校の授業料無償化（現在の高等学校等就学支援金）が制度化され、現在では、幼児教育の無償化（2019年10月〜）、大学等の「高等教育の修学支援新制度」の導入（低所得世帯に属する学生への授業料等の無償化や減免制度の実施、および給付型奨学金の大幅拡充。いずれも2020年4月〜）、高等学校等就学支援金制度の収入基準の緩和等による「私立高等学校の授業料の実質無償化（2020年4月〜）」、などを代表とする教育費の負担軽減策が次々と実施されている（詳細は後述）。

　また、第3子の大学授業料無償化や児童手当の延長等も議論されている。

　とはいえ、「高等教育の修学支援新制度」については、住民税非課税世帯やそれに準ずる世帯だけが対象であるため、一般的な所得水準のある世帯では恩恵はまったくない。

　国の高等学校等就学支援金制度も所得制限が設けられており、家族構成等にもよるが世帯年収がおおむね910万円を超える場合は適用対象外となってしまう。

　一定額以上の所得のある世帯としては、教育費の負担は従来どおりで変わらないため、

第4章

しっかりと計画を立てて準備する必要がある点は肝に銘じるべきであろう。

② 教育資金の形成プラン

教育資金を準備する際には、安全性と確実性を重視して計画を立てるのが原則である。まず第一に預貯金が考えられるが、それ以外にも次のような手段がある。

① こども保険・学資保険

こども保険（最長22歳満期）には、満期や入学祝金受取時期を子どもの入学時に合わせる「貯蓄」機能と、教育資金の稼ぎ手が万一の場合に、教育資金を確保する「育英資金」機能の2つの側面がある。

商品により多少の差異はあるが、基本的には契約者である親（祖父母も一定要件のもと可）が死亡したり高度障害になった場合、それ以降の保険料の支払が免除される。

しかし、契約後早い時期に解約すると、解約返戻金は払い込んだ保険料を下回り、さらに長期間運用を固定するため流動性がないことに注意する必要がある。また、商品によっては返戻率が100％を下回っているものもある。

したがって、親の貯蓄額や親自身の生命保険の死亡保障額等を考慮のうえ、保険のタイプ（保障重視か貯蓄重視か）を見極めて目的に合致した商品を選ぶことが重要である。また、低金利局面では万一の保障面を除いて変動金利型の積立型商品を利用するなどの工夫が必要である。

支払保険料より受取金額が少ない場合は、育英資金部分は生命保険で確保し、貯蓄部分は利回りのよい金融商品で確保することも検討する。

② 一般財形貯蓄

勤労者が給与天引きにより事業主を通じて積み立てる、使途自由な貯蓄である。

③ 金融商品による積立て

長期にわたる積立てなので、有価証券等のリスク商品で長期継続投資を行い、リスクを軽減しながらリターンを増やしていくという選択肢もある。具体的には、投資信託による積立てなどが考えられる。

税制上の優遇措置がある「新NISA」を活用するのも一つの方法だろう。

❸ 教育・子育て関連の給付と支援政策等

(1) 児童手当

18歳未満の児童を有する保護者に支給される手当である。

改正により、2024年10月分以降とそれ以前とでは、対象となる児童の年齢、1人あたりの支給額、所得制限、支給月など、〔図表 4 - 8〕のように多くの点で変更がある。

〔図表 4 - 8〕児童手当（改正前後の比較）

区分等		～2024年 9 月分		2024年10月分以降	
子の年齢	0 ～ 2 歳	15,000円		15,000円	
	3 歳～小学生	10,000円	第 3 子以降 15,000円	10,000円	第 3 子以降 ^(注) 30,000円
	中学生	10,000円			
	高校生等	支給なし			
その他	所得制限	あり	①：5,000円	なし（支給額は上記と同じ）	
			②：支給なし		
	支給月等	2 、 6 、10月 （年 3 回、直近 4 カ月分）		2 、 4 、 6 、 8 、10、12月 （年 6 回、直近 2 カ月分）	

※①＝特例給付：所得制限限度額（4人家族のモデルケースで年収約960万円）以上、
　　　　　　　　所得上限限度額（　　　〃　　　　　約1,200万円）未満の場合に一律で支給。
※②：　　　　　所得上限限度額（　　　〃　　　　　約1,200万円）以上の場合、支給されない。
　　　→2024年10月分以降は所得制限が撤廃され、所得にかかわらず通常の支給が行われる。
(注)「第 3 子以降」とは、高校卒業まで（18歳の誕生日後の最初の 3 月31日まで）の養育している児童のうち、3 番目以降の子を指す。
　　　→2024年 9 月までは、長子が19歳の学齢に達すると、次子が「第 1 子」に繰り上がる。
　　　→2024年10月分以降は、22歳の学齢に達するまでの間は、長子を「第 1 子」とみなす。

(2) 幼児教育の無償化

小学校入学前の子どもの教育費および養育費の負担軽減を目的として、2019年10月から実施された制度。子どもの年齢によって、次の 2 つの区分がある。

① 3 歳児～ 5 歳児（幼稚園、保育園、認定こども園、等）

保護者の年収等にかかわらず、すべての世帯に対して、保育料や授業料が無償化された。

ただし、給食費や制服代、送迎費等の負担は無償化の対象外であり、別途発生する。

住所地の市町村から「保育の必要性の認定」を受けた場合の幼稚園等の「預かり保育」の利用料は、利用日数に応じて月額11,300円（住民税非課税世帯の 3 歳児は16,300円）を

第4章

〔図表4－9〕幼児教育無償化の区分

区分	0～2歳児	3～5歳児
認可保育所(※)	住民税非課税世帯は無償化	所得にかかわらず無償化
認可外保育施設	住民税非課税世帯に対し、月額42,000円を上限に補助	所得にかかわらず、月額37,000円を上限に補助

(※) 認可を受けている幼稚園、保育所、認定こども園などが対象。

上限に無料となり、認可外保育施設を利用している場合も、自己負担額は月額37,000円を超える分だけに抑えられる。

② 0～2歳児（保育園、認定こども園、等）

保護者が住民税非課税世帯である場合に限り、無償化等の対象となる。

(3) 高等学校等就学支援金

所得等の要件を満たす世帯の生徒に対し、授業料に充てるために行われる給付である。

支援金は学校に直接支払われ、その分、授業料が安くなる。高等学校等には、高等専門学校（1～3年生）なども含まれ、国立・公立・私立の別は問われない。

支援金の額は授業料を上限とし、所得等に応じた限度額が設けられている。児童手当と異なり、所得要件を超えた場合は支給されない。

2020年7月分以降は、保護者等の「市町村民税の課税標準額×6％」が判定基準のベースとなり、収入基準も緩やかになった。同時に、前述の基準による額が154,500円未満に対する支給限度額が引き上げられ、私立高校の平均授業料を勘案した水準である396,000円となった。

〔図表4－10〕高等学校等就学支援金（判定基準と支給額）

判定基準の計算式：市町村民税の課税標準額×6％－市町村民税の調整控除の額(※)	
(A) (※) 政令指定都市の場合は「調整控除の額」に3／4を乗じて計算する	
(A)による算出額	就学支援金の支給額
154,500円未満	最大396,000円
154,500円以上　304,200円未満	118,800円

(4) 高校生等奨学給付金

授業料以外の教育費（教科書費、教材費、学用品費、通学用品費、教科（校）外活動費、生徒会費、PTA会費、入学学用品費、修学旅行費等）の負担軽減を目的に、高校生等がいる低所得世帯（市区町村民税の所得割額がゼロである世帯）を対象に支援を行う制度で

〔図表4－11〕高校生等奨学給付金の支給例（2024年度）

世帯区分		全日制・定時制		通信制	
		国公立	私立	国公立	私立
生活保護受給世帯		32,300円	52,600円	32,300円	52,600円
所得割額 非課税世帯	第1子	122,100円^(※)	142,600円^(※)	50,500円	52,100円
	第2子以降	143,700円	152,000円		

（※）当該世帯に通信制の高等学校等に在籍する高校生がいる場合は、第2子以降と同額になる。
（注）「第2子以降」は、15歳以上23歳未満の兄弟姉妹がいる場合を指す。

ある。高等学校等就学支援金と併せて受けられ、保護者あてに支払われる。

(5) 高等教育の修学支援新制度

　2020年度から、「高等教育」（大学、短大、高等専門学校の4～5年次、専修学校等）の授業料等減免制度と、日本学生支援機構による給付型奨学金の大幅な拡充が始まった。

　ただし、対象者は住民税非課税世帯、およびそれに準ずる世帯のみであり、大学等への進学後は学習状況について厳しい要件が課され、基準に満たないと支援が打ち切られる。

　支援額（授業料等減免額の上限＋給付型奨学金の給付額）は、学生等本人およびその生計維持者の所得（合計額）、大学等の種別、本人の居住形態（自宅または自宅外）などによって定められている。

　このうち、授業料等の減免額（上限額）は、学生本人およびその生計維持者の所得と、大学等の種別によって異なるが、住民税非課税世帯に属する学生の場合、基本的な考え方は〔図表4－12〕のとおりである。

〔図表4－12〕高等教育の修学支援新制度による授業料等の減免額（例）

	国公立		私立	
	入学金	授業料	入学金	授業料
大学	約28万円	約54万円	約26万円	約70万円
短期大学	約17万円	約39万円	約25万円	約62万円
高等専門学校	約8万円	約23万円	約13万円	約70万円
専門学校	約7万円	約17万円	約16万円	約59万円

出所：文部科学省
（※）上表の金額は住民税非課税世帯に対する年間の減免額である。

　なお、日本学生支援機構による「給付型奨学金」（後述）の受給分も含めた支援額の合計は、家族構成と世帯収入に応じた3段階の基準で決定され、〔図表4－13〕のようなイメージとなる。

　ちなみに、図表の例の家族構成で、世帯収入が住民税非課税世帯【第1区分】に該当し、本人がアパートなど自宅以外から私立大学にというケースでの支援額の年額（上限）は、「給付型奨学金（約91万円）＋授業料減免（約70万円）＝約161万円」である。

　なお、【第2区分】である場合は同約108万円（＝3分の2の水準）、【第3区分】では約53万円（＝3分の1の水準）となる。

〔図表4－13〕支援額のイメージ（授業料等の減免＋給付型奨学金の支給）

給付型奨学金の支給	全額支援		2／3	1／3
授業料等の減免	全額支援（上限あり）		2／3	1／3
（年収の目安）	→約270万円（住民税非課税世帯等）		約300万円	約380万円
	【第1区分】		【第2区分】	【第3区分】

※「年収の目安」は、本人（18歳）、父（給与所得者）、母（無収入）、中学生、という4人家族の例における水準（家族構成等で異なる）。

　さらに、2024年度からは中間所得層（年収約600万円以下）に対する負担軽減等も開始されることとなった。具体的には、下記①～④の制度が創設されている。

① 「多子世帯（扶養する子どもが3人以上）」に対しては、上限額の4分の1を支援
② 「私立の理工農学部系」に進学する世帯には、文系との授業料の差額を目安に支援
③ 「大学院（修士段階）の授業料」について、卒業後の所得（年収300～400万円程度）に応じた「後払い」とする仕組みが創設
④ 「貸与型奨学金を返還している人」に対し、減額返還制度（＝定額返還における月々の返還額を減らす制度）について、利用できる要件等が柔軟化
なお、上記①に関し、2025年度から授業料等の無償化が始まる予定である。

❹ 教育ローン・奨学金・贈与

（1）教育ローン

　子どもの学費などは、住宅資金などと同じ時期に重複して支出することが考えられる資

金なので、資金が不足する場合がある。そのような場合は、教育ローンの利用を検討する。

教育資金も公的融資と民間金融機関による融資の2種類がある。

① 国の教育ローン（教育一般貸付）

日本政策金融公庫が扱う公的融資であり、中学校卒業以上の者を対象とする高校、大学、専修・各種学校等に入学する者の保護者または本人を対象とし、資金使途は入学金や授業料の支払のほか、アパートの敷金・家賃などの住居にかかる費用や、受験料、受験時の交通費・宿泊費なども対象となっている。2024年4月現在、融資限度額は学生・生徒1人当たり350万円（自宅外通学、修業年限5年以上の大学（昼間部）、大学院、海外留学（修業年限3カ月以上の外国教育施設）の場合は450万円）以内で、利率は年2.25％、返済期間は18年以内（母子家庭・父子家庭等または世帯年収200万円（所得132万円）以内の人などの利率は年1.85％）である。

教育一般貸付には、扶養している子どもの人数に応じた一定の年収要件がある〔図表4-14〕。利用にあたっては、連帯保証人を1人つけるか、公益財団法人教育資金融資保証基金の保証制度を利用する必要がある。前者の連帯保証人は進学者・在学者の四親等以内の親族に限られ、連帯保証人となる人の源泉徴収票または確定申告書の控えの提出が必要である。後者を利用する場合は、融資額から保証料を差し引いた金額が振り込まれる。

なお、返済は借入日の翌月または翌々月の返済希望日からの開始となるが、在学期間中は元金の返済を据え置き、利息のみの返済とすることも可能である。

② 民間金融機関の教育ローンの活用

民間金融機関の教育ローンも、昨今は金利水準が低くなっているため、公的教育融資と比較しておきたい。金融機関によって、金利タイプや取引状況による優遇の有無、融資限度額、貸出方式などの条件が異なり、有担保で高額の融資が受けられるところもある。

(2) 貸与型奨学金

日本学生支援機構の貸与型奨学金については次のとおりである〔図表4-15〕。

① 奨学金の種類

第一種奨学金と第二種奨学金がある。第一種奨学金は無利子貸与であり、学校教育法による大学院、大学、短期大学、高等専門学校、専修学校（専門課程）に在学する学生および生徒を対象としている。一方、第二種奨学金は利子付貸与（在学中は無利子）であり、大学院、大学、短期大学、高等専門学校（4、5年生）、専修学校（専門課程）の学生および生徒を対象としている。

第一種奨学金は、特に優れた学生および生徒で経済的理由により著しく修学困難な人に

第4章

〔図表4-14〕「国の教育ローン」の年収要件

子どもの人数	世帯年収（所得）の上限額	
1人	790万円（600万円）	（※2）の要件に1つでも該当する人 990万円（790万円）
2人	890万円（690万円）	
3人	990万円（790万円）	
4人	1,090万円（890万円）	
5人	1,190万円（990万円）	

（※1）年収または所得上限は、申込者の扶養子ども数（年齢、就学の有無は問わない）が1人の場合、給与所得者は年収790万円以下（1人増ごとに100万円の年収上限増）、事業所得者は（　　）内の金額で所得600万円以下。なお、両者とも6人以上は応相談。

（※2）①勤続（営業）年数が3年未満
　　　　②居住年数が1年未満
　　　　③世帯のいずれかの人が自宅外通学（予定）者
　　　　④借入申込人またはその配偶者が単身赴任
　　　　⑤今回の融資が海外留学資金
　　　　⑥借入申込人の年収（所得）に占める借入金返済の負担率が30%超
　　　　⑦親族などに「要介護（要支援）認定」を受けている人がおり、その介護に関する費用を負担
　　　　⑧大規模な災害により被災された方
　　　　⑨新型コロナウイルス感染症にかかる特例措置（世帯収入の減少）に該当する場合

（※3）世帯の年間収入または年間所得は、世帯主のほか配偶者等の年間収入または年間所得も含む。

資料：日本政策金融公庫ホームページより

〔図表4-15〕独立行政法人日本学生支援機構の奨学金貸与月額（2020年度以降入学者）

（単位：円）

区分			通学 方法	貸与月額				最高月額
第一種奨学金	大学	国公立	自宅	20,000	30,000	—	—	45,000
			自宅外	20,000	30,000	40,000	—	51,000
		私立	自宅	20,000	30,000	40,000	—	54,000
			自宅外	20,000	30,000	40,000	50,000	64,000
	短大 専修学校 高専（4、5年）	国公立	自宅	20,000	30,000	—	—	45,000
			自宅外	20,000	30,000	40,000	—	51,000
		私立	自宅	20,000	30,000	40,000	—	53,000
			自宅外	20,000	30,000	40,000	50,000	60,000
	大学院	修士・博士前期課程等		50,000	88,000	—		
		博士・博士後期課程等		80,000	122,000	—		
第二種	大学・短大・専修学校等（※1）			20,000～120,000（1万円刻み）				
	大学院（※2）			50,000	80,000	100,000	130,000	150,000

（※1）私立大学の医学・歯学課程の場合、12万円に4万円の増額も可（＝16万円）
　　　　私立大学の薬学・獣医学課程の場合、12万円に2万円の増額も可（＝14万円）

（※2）法科大学院の法学を履修する課程の場合、15万円に4万円または7万円の増額も可。

貸与し、第二種奨学金は第一種奨学金より緩やかな基準によって選考された人に貸与する。いずれも原則として卒業後に返還を要するが、死亡等により返還ができなくなった場合に返還が免除となる制度が設けられている。

　なお、第一種奨学金と第二種奨学金に加えて、入学した月の分の奨学金の月額に一時金として増額して貸与する利子付の奨学金である入学時特別増額貸与奨学金がある。

②　奨学生の採用方法

　奨学生の採用方法には、進学前に進学を条件として奨学金の貸与を予約する予約採用と進学後に出願する在学採用等がある。

③　奨学生の採否

　学校長の推薦を受けた出願者について、選考のうえ採否を決定する。

　選考は学力・家計について、第一種奨学金および第二種奨学金のそれぞれの基準に照らして行い、予算の範囲内で採用する。

④　返還

　卒業後、月賦等により銀行、信用金庫、労働金庫などの口座振替（リレー口座）に加入し、自動引落しにより返還する。

　なお、第一種奨学金（大学院生を除く）は、2017年度から「定額返還方式」と年収に応じて毎回の返済額が決まる「所得連動返還方式」とを選択できるようになった。

(3) 給付型奨学金（日本学生支援機構）

　日本学生支援機構の奨学金は、従来は「貸与型」のみであったが、「給付型（返済不要）」の奨学金制度も導入された。

　2020年度からは、前述の高等教育の修学支援新制度の一環として、対象者の拡大と給付額の大幅な増額が実施されている〔図表4−16〕。

〔図表4−16〕給付型奨学金の支給額（例）

	国公立		私立	
	自宅生	自宅外生	自宅生	自宅外生
大学	29,200円	66,700円	38,300円	75,800円
短期大学	29,200円	66,700円	38,300円	75,800円
高等専門学校	17,500円	34,200円	26,700円	43,300円
専門学校	29,200円	66,700円	38,300円	75,800円

出所：文部科学省
（※）上表の金額は住民税非課税世帯に対する月額給付額（2024年度）である。

なお、「給付型」と「貸与型」は併用が可能であるが、給付型奨学金と併せて第一種奨学金の貸与を受ける場合は、貸与を受けられる月額の上限額が制限される。

(4) 教育資金の一括贈与に係る非課税制度

祖父母から教育資金の援助を受けるにあたって、毎年必要な資金をもらう場合は贈与税がかからないのが原則であるが、数年分をまとめて贈与された場合は贈与税の対象となる。

これに対し、30歳未満の受贈者の教育資金に充てるためにその直系尊属（祖父母等）が金銭等を拠出し、金融機関に信託等（教育資金贈与信託）をした場合は、受贈者1人につき1,500万円（家庭教師や塾、習い事など学校以外に支払われる金銭は500万円が上限）まで贈与税が課されない。

実務上のポイント

- 教育一般貸付（国の教育ローン）は、国が日本政策金融公庫を通じて行っている教育ローンで、金利は固定金利である。
- 教育一般貸付（国の教育ローン）の融資限度額は学生・生徒1人につき350万円（自宅外通学、修業年限5年以上の大学（昼間部）、大学院、海外留学（3カ月以上）の場合は450万円）である。
- 教育一般貸付（国の教育ローン）の借入金は、授業料などの学校に直接支払う費用に加え、在学のための下宿費用や通学定期券代にも使うことができる。
- 日本学生支援機構の貸与型の奨学金は、無利子の第一種奨学金と有利子の第二種奨学金などがあり、卒業後に本人が返還する。
- 日本学生支援機構の給付型の奨学金は、他の奨学金と併用できる。
- 教育一般貸付（国の教育ローン）と日本学生支援機構の奨学金は、併用できる。

第5章

ローンとカード

第1節
ローンとカードの仕組み

① 消費者信用

　個人に対して、物やサービスの対価を後払いできるサービス、金銭を貸し付けるサービスは、総称して、**消費者信用**と呼ばれている。

　このうち、自動車や電化製品など商品を後払いで購入するものを**販売信用**という。販売信用は一般に**クレジット**と呼ばれているが、これには、分割払いや2カ月を超える支払猶予である割賦取引と、原則として2カ月以内に一括して支払う非割賦取引がある。また、クレジット取引においてはカードを使用するかどうかで2種類に分かれている。カードを利用しない割賦取引は、大型家電商品などの購入に使用されるショッピングクレジットや提携ローンなどと呼ばれ、カードを利用する割賦取引がクレジットカード（非割賦も併せて利用できるのが一般的）である。最近では、カードを利用せず、携帯番号とメールアドレス等簡単な情報だけで審査され後払いできる BNPL（Buy Now, Pay Later）サービスもある。消費者信用のうち、お金の借入れを消費者金融（消費者ローン）といい、担保の有無、担保の種類、審査の方法や貸付の方法などでいくつもの種類が存在する。

〔図表5-1〕消費者信用の分類

消費者信用	販売信用 （クレジット）	割賦取引 （2カ月超の後払い）	クレジットカード
			ショッピングクレジット・オートローン
		非割賦取引	マンスリークリア方式クレジットカード
			BNPL
	消費者金融	無担保	クレジットカードキャッシング
			カードローン
			目的ローン（証書貸付）
		有担保	住宅ローン、不動産担保ローン
			定期預金等担保自動貸越、契約者貸付など

クレジットカード

① クレジットカードの仕組み

　クレジットカード（Credit card）は、現金に代わる決済手段の一つであり、加盟店において後払いで商品（サービスを含む）の購入ができるカードである。また、「クレジットカード」にはモノやサービスを購入する以外にお金を借りる機能もある。すなわち、クレジットカードには、モノやサービスを買うための「ショッピング」という機能と、お金を借りる「キャッシング」という機能があり、カードショッピングは販売信用の中の一方法、カードキャッシングは消費者金融の中の一方法となる。

　汎用クレジットカードの仕組みは、以下のとおりである〔図表5－2〕。

① 　対面取引においては会員がカード券面を提示（IC カード情報の読取りを含む）、非対面取引においてはカード番号などの情報を通知し、対面取引では暗証番号の入力、非対面取引では有効期間やカード裏面のセキュリティコードなどの情報を入力して、代金のカード決済の申込みを行う。

② 　加盟店は、カードが有効なカードか、与信限度枠内かの点につき、加盟店管理会社（加盟店契約を締結したクレジットカード会社。決済代行会社を経由することを含む）を通じた確認を行う。

③ 　カード発行会社の承認を受ける。

④ 　カード発行会社の承認結果に基づき、加盟店は商品の引渡し、またはサービスの提供を行う。

⑤ 　加盟店は、掛売りした売上伝票や売上データを（決済代行会社を通じて）加盟するカード会社に送付し、代金相当額の支払を請求する。

⑥ 　加盟店管理会社は、加盟契約に基づく所定の支払期日に、代金相当額から加盟店手数料を控除した金額を金融機関（または決済代行会社）を通じて、加盟店の届け出た預金口座のある金融機関に送金して支払う。

第 **5** 章

〔図表5－2〕多数当事者型クレジットカード取引の仕組み

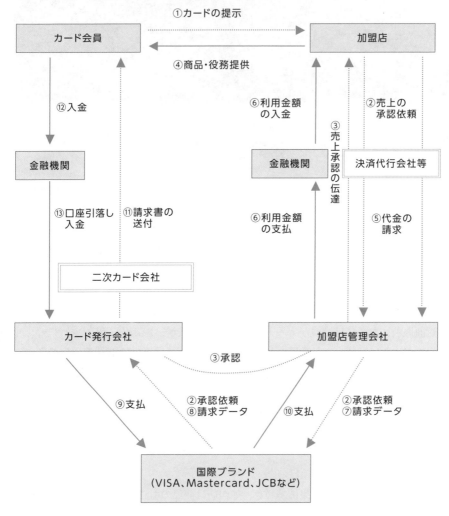

※太線＝お金の流れ。点線＝情報・モノの流れ

⑦　加盟店管理会社は、国際ブランドに対してカード会員の利用代金を請求する。

⑧　国際ブランドは、カード発行会社に対して会員の利用代金に係る請求データを送り、国際ブランドへの支払を請求する。

⑨　カード発行会社は、インターチェンジ・フィーを控除し、ブランド・フィーを加算

して国際ブランドに支払う（二次カード会社分は、二次カード会社に手数料とともに請求する）。

⑩　国際ブランドは、利用代金からインターチェンジ・フィーとブランド・フィーを控除した残額を加盟店管理会社に支払う。

⑪　カード発行会社は、会員が利用したカード利用の明細書を毎月1回作成し、カード会員の指定する住所（または電子メールアドレス）に送付する。

⑫　会員は、利用代金を所定期日までに全額、またはカード発行会社との約定による分割返済金額を銀行口座に入金する。

⑬　口座振替の方法によりカード発行会社に所定の代金が支払われる。

＊国際ブランドに直接加盟するカード発行会社と提携して、国際カードを発行する中堅のカード会社を二次カード会社という。

＊上記の取引で、カード発行会社とカード加盟店管理会社が、同じとなる取引を「オンアス取引」と呼び、別々の会社の場合を「オフアス取引」と呼んでいる。

＊従来は、オンアス取引が中心であったため、カード発行するカード会社に登録制度が設けられ、利用者保護が図られていた。しかし、オフアス取引での取引の安全や不正使用の防止目的で2016年12月の改正により、加盟店管理会社や決済代行会社を「**クレジットカード番号等取扱契約締結事業者**」として、登録制度が導入されている。

＊対面取引においては、電子マネーのように、クレジットカードを店頭の決済端末にピッとかざすだけで決済ができる国際ブランドの非接触決済（Visa の「タッチ決済」など）ができる範囲が広がっている。

❷ クレジットカードの機能

(1) クレジットカードの基本機能

クレジットカードには、以下の基本機能がある。

①　加盟店で商品の購入やサービスの提供を受けた場合は25日から最大2カ月程度の支払猶予が受けられる（**後払機能**）。

②　後日の一括払いのほか、分割払いやリボルビング払いが利用でき、支払い負担を分散し平準化できる（**支払の平準化機能**）。

第5章

③　預金残高の不足・海外で現地通貨が必要などの場合、提携銀行等の ATM などから短期の借入れができる（**金融機能**）。

④　加盟店（商店）への代金の支払を保証する機能（**支払保証機能**）。

(2) クレジットカードの派生的機能

クレジットカードは、技術革新などにより、現在は以下の機能もある。

①　厳格な手続による本人確認が行われてカードが発行されているため、ホテルのチェックインやインターネット取引などでの「**本人認証機能**」。

②　商品への代金の支払などのほか、電子マネーやプリペイドカード、電話財布（ウォレット）などの事前チャージや、コード決済やタッチ決済などの「スマホ決済」に紐付ける「**決済機能**」。

③　カードの紛失・盗難に対する保険（保障）制度、商品の未着・サービスの未提供の場合にチャージバックにより代金請求を解消するなどの「**安全保証機能**」。

④　利用履歴等をパソコンやスマートフォンに短時間に通知したり、データとしてカード会社において記録する「**情報通知・記録機能**」。

⑤　新 NISA での「つみたて投資枠」の拡大などを背景として、提携先の証券会社で株式や投資信託などの金融商品の積立投資ができる「**積立投資機能**」。

クレジットカードは、信用力のある人にしか発行できないので、入会審査がある点に特徴がある。

❸ クレジットカードの種類

①　自社発行型クレジットカード

「ハウスカード」「オリジナルカード」と呼ばれるもので、自社の顧客を囲い込むため、販売業者の自社店舗またはその系列会社の店舗だけでショッピングが可能なカードのことをいう。

会員向けのサービスとして、セールの案内や独自の割引の実施、買い物ポイントの付与による自社商品の値引きや景品の提供などの優待策が併用される。

販売業者自身が発行するケース、自社の子会社であるカード会社が発行するケース、他のカード会社に業務委託するケースがある。

② 第三者発行型クレジットカード

　銀行やクレジットカード会社が発行し、カード会社の提携するすべての販売店でショッピングが可能なカードのことをいう（「汎用カード」ともいわれる）。

　国内のカード会社と加盟契約のある加盟店で利用できる**国内専用カード**と、VISA、Mastercard、Diners Club、American Express、銀聯（ぎんれん）、JCB、Discover という国際ブランド会社と提携し、当該国際ブランドに加盟する他のクレジットカード会社の提携する加盟店も含めて、ショッピング利用できる**国際カード**がある。

　なお、第三者発行型であっても、特定の大型販売店などとの提携により、特に当該提携先の利用に関してハウスカードのようにセールの案内や独自の割引の実施などの優待策を実施する目的で発行される**提携カード**と呼ばれる形態がある。

　また最近は、銀行のキャッシュカードと一体になったクレジットカードも発行されている。その機能は、第三者型で国際カードであり、また、カードの利用状況により、キャッシュカード利用に伴う諸費用の割引や銀行の利息の優遇などが行われるようになっている。

③ 媒体による区分

　現在のクレジットカードは、プラスチック製が主流であり、会員のデータを記録する方法により、磁気ストライプ型、IC カード型がある。

　IC カード型には、接触方式と非接触方式がある。IC カードは、カード情報が暗合化されて記録されていたり（**接触方式**）、他の番号に置き換え（**トークン化**）されている（**非接触方式**）ので、情報が盗み取られても、情報を解読することがむずかしく、偽造カードの作成が困難で、不正利用の対策にもなる。

④ クレジットカードの返済方法

① マンスリークリア

　原則として翌月の約定日に一括して支払う方法。「翌月1回払い」ともいう。カード会社ごとにカード利用の「締め日」が定められており、その日までの利用代金を翌月もしくは翌々月に、利用者の指定する銀行口座から引き落とす方法により支払が行われる。マンスリークリアでは、利用者は手数料を支払う必要がないことから、決済手段として利用される割合が非常に高いが、割賦販売法の適用取引ではないため、**支払停止の抗弁が認められていない**点に注意が必要である。

② ボーナス（一括・二括）払い

マンスリークリアの場合よりさらに先の支払月を指定して、1回払いまたは2回払いで支払う方法。支払月は夏季（6月、7月、8月）、冬季（12月、1月）のボーナス支給月に合わせて設定できるようになっている。

通常月より収入が大きくなるボーナス月に支払月を合わせることにより、高価なものを先取りで購入できる利点があるが、二括払いのときなど**手数料の負担が必要**なケースもある。なお、分割回数にかかわらずカードの利用日から2カ月を超えて代金の返済が行われる場合は、**割賦販売法の適用対象**となる。

③ 分割払い（回数指定払）

カード利用時に代金の支払回数を決めて、利用代金をその回数で分割して支払う方法。

分割払いの回数に応じて「**分割払手数料**」を支払う必要があり、利用代金に加えて分割返済することになる。カードを追加利用しても、他の利用金額や分割払金額により、当該利用分の分割払金額が変更されることはない。カードの追加利用はあらかじめ定められた利用限度額の範囲内で何度でも利用できる。割賦販売法の適用がある。

④ リボルビング払い

カード利用をした場合に、その利用金額にかかわらず毎月の支払金額が一定となる支払方法。カード契約にあたり、あらかじめ最低支払額（ミニマムペイメント）を定めておく必要がある。最低支払額の定め方として、利用金額に対する一定率を支払う方法（「**元金定率方式**」）と利用額にかかわらず一定金額を支払う方法（「**元利定額方式**」）がある。また、これに加えて手数料を含めて支払う「ウィズイン方式」と毎月の支払額に加えて支払う「ウィズアウト方式」がある。カードの利用残高があらかじめ定めた利用限度額の範囲内であれば繰り返し利用することができる。割賦販売法の適用がある。

分割払いと異なるのは、毎月の支払額に以前の利用分に対する返済と今回利用分の返済が合算されて最低支払額になる点である。また、分割払いはあらかじめ各利用分の最終返済日が確定しているが、リボルビング払いの場合は、追加の利用によりその最終返済日が延長されること、「**リボ払手数料**」が利用残高に対して毎月締め日に計算され付加されることである。さらに、ボーナス時期などに最低支払額に上乗せして支払を行う（これを「繰上返済」という）ことができ、一部繰上げ返済すれば、その分翌月以降の手数料を圧縮することができる。

⑤ あとリボ

カードの利用時にはマンスリークリアやボーナス払いなどでの返済を選択していても、カード会社が請求締め日前に設定した時期が到来するまでに、リボルビング払いに変更で

きるサービスを「あとリボ」等という。

　マンスリークリアでは手数料は発生しないが、「あとリボ」に切り替えた以降はリボ払手数料が発生する。最初からリボルビング払いに変更を予定している「リボ専用カード」と、個別の利用ごとに会員の申告によりリボルビング払いに変更する「あとリボ」がある。いずれも割販法の適用がある。分割払い・リボ払いの手数料は、消費税が非課税となる。

❺ クレジットカードの入会審査

　クレジットカードは、原則として、満18歳以上の個人が申し込むことができる。入会は、カード会社所定の入会申込書に記入して申し込む方法とパソコンやスマートフォンでカード会社のサイトから申し込む方法などがある。

　入会に際しては、クレジットカードの交付およびキャッシング契約に際し、カード会社に犯罪収益移転防止法による**本人特定事項**の確認と**取引時確認義務**が定めてあることから、マイナンバーカードや住民登録事項証明書、運転免許証などにより、氏名・住所・性別・生年月日の確認を受け、職業や利用目的などを申告する必要がある。

　また、割賦販売法で、クレジットカードの利用限度額の設定にあたり、年収等の調査や指定信用情報機関を利用した**包括支払可能見込額調査義務**が課されており、包括支払可能見込額に**0.9**を乗じた額以上の利用限度額の設定が禁止されている。キャッシングサービスを希望する場合は、貸金業法で、借入れの極度額の設定が他の借入れを合算して、年収の3分の1以下であることの確認義務が定められている。

　具体的には、以下の方式の範囲内で、利用限度額・極度額が定められることになる。
①ショッピング利用について
（年収－年間の生活維持費－年間支払予定額）×0.9＞利用限度額
②キャッシング利用について
年収×1／3＞（自社貸付残高＋自社極度額）＋（他社貸付残高）＋新規極度額

　年間支払予定額、他社貸付残高は、いずれも指定信用情報機関にカード会社が照会し、そこで得た情報を利用して計算する。

　なお、最近になって、支払実績、購入する商品の性質、当該事業者が提供する他のサービスの利用状況等に着目した信用判定を行い、高度なリスク管理手法を駆使して、少額な購入代金を短期間立て替える後払い事業者（BNPL）も出てきた。そこで、経済産業省は

割賦販売法を改正し、2021年4月よりBNPL業者のうち、10万円以下の極度額を付与して2カ月超の後払いをする事業者を「少額包括信用購入あっせん業者」とする登録制度を導入し、既存業者とともに、経済産業省が認める適切な信用供与技術であると認定されれば、支払可能見込額調査義務に代えて「利用者支払可能額調査」により利用限度額の設定を行うことができる。

❻ クレジットカード利用上の留意点

　まず1点目は、収入に合わせて計画的に利用し、使い過ぎないことである。割賦販売法では、定期的な信用情報機関に対する利用状況の照会によって、カード利用の停止や更新の停止などで包括支払可能見込額を超える利用を抑制する仕組みが出来上がっている。しかし、計画的な利用など自己管理は常に重要である。

　なお、信用情報機関に登録されている自分の情報については、申請すればその内容を確認することができる。

　2点目は、クレジットカードのキャッシング利用については、貸金業法の規制があり、**年収の3分の1を超える貸付が禁止**されている。このため、利用状況により、キャッシングの利用限度枠を減額または停止されることがある。

　3点目として、カードおよび暗証番号やセキュリティコード等の**カード情報の管理**を厳重にすることも大切である。クレジットカードは、カード会社に所有権があり、会員はカード会社から貸与を受けている関係にある。よって、**善良な管理者の注意義務**をもって管理しなければならない。カードを鍵のかからない机に保管しておいて盗まれたり、不注意で忘れたりした場合、他人がカードやカード番号を悪用する可能性がある。紛失や盗難に気づいた時には、直ちに警察に紛失・盗難の届出を行い、カード会社に連絡すべき義務もカード会員規約に記載されている。

　適切に、届出と通知を行い、善良な管理者の注意義務違反がなければ、カード紛失盗難保険などにより不正利用額が補てんされ、支払責任を免れることができるが、いずれかの義務違反があれば、免責されないこともあるので注意が必要である。なお、クレジットカードの裏面の署名欄に署名（サイン）がない場合、カードの盗難や紛失等によって不正使用されたときには、その損害額が補償されないことがある。

　ところで、最近では上記のような点に気をつけていても「スキミング」と称される方法でカード情報をカードから盗み取るケースや、実在するカード会社を装って電子メールを

送りつけ、カード情報を盗み出そうとする「**フィッシング**」**と呼ばれる詐欺**が問題となっている。

　クレジットカードを店員等に渡すと、クレジットカード番号、有効期限、氏名表示の情報、セキュリティコードをメモしたりスマートフォンで撮影され、インターネットで音楽やゲームなどのコンテンツを購入する代金の決済に使用されるおそれがある。カードを渡した後に、カードの売上処理を別の場所で行ったり、処理中にカードを持ったまま後ろを向いたりする店員には注意が必要である。カード端末機へのカードの挿入は自分で行い、できるだけ非接触式カードを利用することを心がけるようにすることも重要である。なお、カードの券面にカード番号が印字されない、あるいはカード番号等が全く記載されていない「ナンバーレスカード」や、プラスチックカードを発行しない「カードレスカード」など新しいタイプのカードも発行されているので、これらのカードに切り替えることも考えられる。

　また、カード会社を名乗るメールに対し、メールに添付されたＵＲＬをクリックして画面にカード番号や有効期間などを入力することは行わないことが重要である。

　なお、カード会社は、「**不正利用検知システム**」によってクレジットカードの不自然な利用をチェックしている。これにより、不正利用が疑われる場合はカード会社からカード会員に対して連絡があるので、身に覚えがない連絡や請求については、クレジットカード会社に連絡のうえ対応すべきである。また、カード会社に通知用のメールアドレスを登録しておくと、カード利用後に通知されるので、不正利用に気づくこともできる。

第5章

❼ 支払停止の抗弁

　クレジットカード取引では、カード決済による代金の支払を済ませ、翌月以降に銀行口座からの引き落としになる。通常はその間に商品を受け取り、サービスの提供がなされる。しかし、納期限が到来しているのに商品の引渡しがなかったり、サービスの提供を受けられなかったなどの問題がまれに発生することがある。また、商品は受領したが壊れており、交換や修理に応じてくれないなどの問題も生じことがある。一般の売買契約の場合、問題が解消されるまでの間は代金を支払わない（「同時履行の抗弁」）ことで対応できる。しかし、クレジットカード取引の場合は、カード代金の支払先はカード会社であり、商品やサービスの提供者は別会社になることから、同様には対応できない。そこで、**2月以上の後払いとなる場合に限って**、売買契約や役務提供契約に係る売主に対する抗弁があるときに、

その問題が解消されるまでの間はクレジットカード会社に対抗できる（支払を停止することができる）という規定（「**支払停止の抗弁**」）を割賦販売法で認めている（4万円以下など一定の場合を除く）。

　したがって、購入した商品等に問題があり販売店に申し出てもきちんと対応してくれない場合は、カード会社に申出することができる。また、偽造カードなどによる身に覚えのない請求については、チャージバックや支払停止の抗弁が認められるので、すぐにカード会社に届け出るべきである。

実務上のポイント

- クレジットカードは、買物の代金、電子マネーの事前チャージ、スマホ決済などの後払いができ、分割払いやリボルビング払いの機能を使うと支払額を平準化できる。
- カード会社や EC 通販会社などを装って、カード情報を入力させるフィッシングメールがあるので、URL を安易にクリックしないように注意が必要である。
- 商品の未納やサービスの不提供の状態で、カード会社から支払請求が来た場合、カード会員はその請求を拒むことができ、支払停止の抗弁については、2月を超える後払いのときに認められる。
- クレジットカード会員本人は、信用情報機関に登録されている自分の個人情報を確認することができる。
- タッチ決済の普及や、「ナンバーレスカード」「カードレスカード」など新しいタイプのカードが発行されるなど、クレジットカードは日々進化している。

デビットカードと電子マネー

　クレジットカードと同じように、カード等を利用して加盟店でショッピングできる決済手段として、デビットカードと電子マネーがある。これらは、代金を後から支払うクレジットカードとは異なり、あらかじめ、銀行口座や電子マネーのアカウントに資金を貯めておき、その残高の範囲内で支払うため使い過ぎの心配がない。また、クレジットカードと異なり、発行時に支払能力の調査などの審査も不要であり、未成年者でも利用ができるなどの便利な面がある。

❶ デビットカード

　デビットカード（Debit card）は、利用者がデビットカード加盟店で、商品（サービスを含む）代金の決済を預金口座の残高の範囲内で行うことができ、即時に利用代金が利用者の預金口座から引き落とされる方式のカード決済である。

　日本では銀行や信用金庫などの金融機関が加盟する日本デビットカード推進協議会の運営する**J‐デビット**（J‐Debit）が稼働している。銀行・郵便局のキャッシュカードを加盟店でそのまま（改めて金融機関とデビットカード契約をせずに）デビットカードとして利用することができる。

　なお、最近は、クレジットカードの国際ブランドと提携したデビットカード（**ブランドデビットカード**）を発行する銀行が増えている。ブランドデビットカードとキャッシュカードが一体となったものもある。このブランドデビットカードの仕組みも、銀行の預金残高の範囲内で、その国際ブランドの加盟店でクレジットカードと同じように買い物ができる。J‐デビットカードは国内でしか利用できないが、ブランドデビットカードは世界中で24時間・365日、VISA・Mastercard・JCB加盟店での買い物やATMから現地通貨での預金引出しに利用することができる。

　世界的に見ると、北欧や英米においてはクレジットカードよりもデビットカードが日常

第5章

的に利用されている。

デビットカードは、預金残高の範囲で利用されることから、口座開設時を除いて信用情報機関の照会や年収等の制限がなく、一般に審査は行わない。したがって、未成年者でも保有できる点がクレジットカードと異なる。

なお、主要な銀行がスマートフォンアプリを使って預金口座から振り替える銀行Pay、Bank Payなどのサービスを提供している。これもデビットカードの一種であり、J‐デビットの決済システムが利用されている。

② 電子マネー・QR決済

電子マネーとは、あらかじめ金銭で一定のバリュー(貨幣価値)を購入しておき、ショッピングなどの決済の際に、貨幣などではなく電子的なデータ(およびデータ通信)によって決済を行う手法である。

プリペイド(前払い)型電子マネーは、発行者またはそのグループや親密先のみでしか利用できない「自家発行型」と発行者以外の加盟店でも利用できる「第三者型」に大別されるが、原則として資金決済法における「前払式支払手段」に該当する。

これらプリペイド型の電子マネーの決済方式としては、次のようなものがある。

① プリペイド(カード)方式

電子マネーは、金融機関、クレジットカード会社または電子マネーのサービス会社のホストコンピューターと、小売店等の決済用端末をオンラインで接続し決済を行う方式と、バリュー(貨幣価値)を電子化して磁気カードやICカードなどに収納し、小売店などの決済端末によりオフライン決済を行う方式がある。これらはカードに磁気テープを貼りつけた方式が多いが、セキュリティの面から、非接触型ICカード(無線通信によって接続・決済する非接触ICチップFeliCaを搭載したカード)や、携帯電話(おサイフケータイ)で利用するのが一般的になりつつある。代表的なものに、「楽天Edy」や、JR東日本が発行する「Suica」などがある。

最近では、VISAやMastercardブランドでデビットカードと同じように利用できる「ブランドプリペイドカード」も発行されている。

② サーバ型電子マネー

専用機でセンターサーバと通信し、残高等のデータを書き換えて、サーバで記録保管する方式。前払式支払手段のうち、残高の譲渡や価値の移転が可能なサーバ型のものを「電

子移転可能型の前払式支払手段」といい、残高譲渡型と番号通知型に国際ブランドプリペイドカードが該当する。そのうち、10万円を超えてチャージできたり、ひと月のチャージや譲渡額が30万円を超えるものや極度額が30万円を超える国際ブランドプリペイドカードを「高額電子移転可能型前払支払手段」という。高額電子移転可能型前払決済手段の発行には、クレジットカードと同様に本人特定事項を含めて、取引確認などが犯罪収益移転防止法で義務付けられている。残高移転ができない Suica、PASMO、楽天 Edy、nanaco、WAON のように、カード媒体または IC チップ使用して管理するタイプの前払式支払手段には義務がない。

③ スマホ決済

近年は、電子マネーをカードの券面に搭載せず、スマートフォンの IC チップや SIM にデータを搭載して決済する方式や、QR コードやバーコードを表示し読み取る形で決済する、いわゆる「スマホ決済」が増加している。

スマホ決済では、前払い方式・即時払い方式・後払い方式がそれぞれ混在している。

a．ソニーの非接触式通信方式 FeliCa を利用した Suica、楽天 Edy、PASMO などのプリペイド（前払い）型電子マネー。ドコモのおサイフケータイ。

b．ソニーの非接触式通信方式 FeliCa を利用した iD、QUICPay などのポストペイ（後払い）型電子マネー。

c．QR コードやバーコードを利用した PayPay、LINE Pay、楽天 Pay などのプリペイド（前払い）型電子マネー。QR コード決済ともいう。

なお、QR コードを使ったスマホ決済には、プリペイド方式ではなく、クレジットカードでの後払いもできるものがある。また、QR コード決済方式には、デビットカードのように、銀行口座から即時に引き落とす方式の銀行 Pay・Bank Pay があり、銀行が提供するものもある。

スマホを利用した決済では、前払方式では、資金決済法で未使用額の50％が保証されるが、銀行 Pay・Bank Pay の場合は銀行預金として、100％保証されている。

無記名方式の電子マネーやプリペイドカードは所持人確認がなされることなく利用できるためオフラインでも利用が可能な代わりに、紛失・盗難時に再発行されることはない。一方、記名式で、かつ IC チップや記号・番号などをオンラインで管理できるタイプの場合は、紛失・盗難を届け出ることにより、当該電子マネーを利用できなくし、再発行を受けることができる。

第5章

❸ 電子財布（ウォレット）

電子財布とは、クレジットカード、デビットカード、電子マネーなどの情報に加え、利用者の氏名や住所、連絡先などと合わせてパソコンやスマートフォン上で管理し、オンラインショップでの商品購入等に用いられるソフトウエアのことをいう。また、IC チップ搭載のスマートカードのことも電子財布と呼ぶこともある。パソコンでインターネットモールの提供するソフトにクレジットカードや銀行口座などの支払情報を登録しておき、登録した住所に商品を配送指示することが簡単にできる。

最近は、オンラインショップだけではなく、対面取引でも利用できる PayPal や Apple Pay、Google Pay などのサービスが提供されている。

実務上のポイント

- デビットカードには、国内専用のJ‐デビットと海外でも使えるブランドデビットカードがある。
- デビットカードや電子マネーの発行に審査は不要であり、未成年者でも利用ができ、クレジットカードと異なり、使い過ぎることはない。
- オンライン型の記名式電子マネーの場合、紛失しても再発行が可能である。
- 比較的新しいキャッシュレス決済手段である QR コード・バーコード決済（いわゆる「スマホ決済」）の利用が若い世代を中心に増加している。

消費者向けローンとローンカード

　消費者向けには、銀行、信用金庫、保険会社、信販会社、クレジットカード会社、消費者金融会社などの民間企業や、独立行政法人福祉医療機構、日本政策金融公庫などの公的な機関が各種のローンを取り扱っている。また、最近ではFinTech企業も小口のローンを扱っている。

　消費者向けローンでは、不動産や有価証券、定期預金などを担保に、その評価額の一定範囲内で貸付を行う**有担保ローン**と、物的な担保なしに借手の返済能力（信用）に依拠して貸付を行う**無担保ローン**がある。なお、無担保ローンといいながら、人的な担保である保証人を求める方式、保証会社に保証を求める方式もある。

　いずれのローンにも、借入必要金額を決めて、審査を受けて借入れを行う証書方式と借入可能額（枠）を決めて審査を受け、限度額の範囲内で繰り返し何度でも借入れが可能なカードの貸与を受けるカード方式がある。

　証書方式のほうが、借入目的が資金使途を証明する資料などで明確に調査でき、返済期間・金額も明確なため、リスクの把握も容易であることから一般的に貸付利率は低くなっている。一方、カード方式は、資金使途の限定が困難で、利用時期や金額の事前把握もできず、リスクコントロールが困難なため、一般的に貸付利率はやや高くなる傾向がある。

❶ 無担保ローン

　一般的によく利用されている無担保ローンには以下のようなものがある（教育ローンを除く）。

① **目的ローン**

　ライフイベントに応じた次のようなローンがある。

　オートローン……マイカー購入、運転免許取得、車検・修理費用

　ブライダルローン……挙式・披露宴・新婚旅行費用、家具などの費用

第5章

リフォームローン……増改築・バリアフリー改修工事・省エネ改修工事などの費用

② フリーローン

目的ローンと異なり、資金使途を問わない銀行や消費者金融会社等の貸付け。事業用や遊興費目的等を除き、資金使途は自由であるが、使途を把握できないため、一般的に目的ローンと比較すると金利は高くなる。

③ カードローン

銀行・カード会社等が個人に対し、あらかじめ設定している貸付額限度内であれば使途自由の資金を無担保で融資するものである。利用者はCD（現金支払機）やATM（現金自動預払機）等を利用して繰り返し借り入れができる。

④ 携帯キャリアのスマホローン（カードレス）

スマートフォンユーザー向けに、携帯キャリアが「カードレス」でスマホローンなどの名称で提供するカードローンと同様の少額貸付けサービス。スマホアプリを利用して、必要書類の提出および本人確認（eKYC）が完結し、借入金は、指定口座への振り込みまたはキャリアPayの残高にチャージすることもできる。

② 有担保ローン

有担保ローンでよく利用されているものとして以下のようなものがある。

① 総合口座の自動融資（貸越）

普通預金口座の残高が不足した場合に、定期預金や公共債を担保として自動的に融資されるものである。定期預金残高の90％（公共債は80％）で最高200万円が融資限度額となっているのが一般的である。利率は定期預金の約定利率プラス0.5％とされているところが多い。

② ゆうちょ銀行の貯金担保自動貸付

ゆうちょ銀行の総合口座を利用した貸付である。貸付利率は、定期貯金を担保とした場合は預入時の貯金金利プラス0.5％、定額貯金を担保とした場合は返済時の約定利率プラス0.25％となる。貯金残高の90％で最高300万円が融資限度額となっており、融資期間は最長2年（貸付期間中に貯金が満期を迎える場合は、自動継続型を除いて、その満期まで）である。

③ 契約者貸付

本人が加入している終身保険や養老保険、積立型損害保険等の保険を担保に借り入れる

制度で、生命保険会社や損害保険会社で扱っている。融資額は、生保の場合は主契約部分の解約返戻金の80〜90％、損保の場合は解約返戻金の90％相当額となっている。

④ 不動産担保型カードローン

保有不動産に根抵当権を設定し、不動産の評価額（住宅ローンがある場合は、その残債務額を控除する）の範囲内で極度額を設けたカードローンで、銀行や信託銀行などが扱っている。不動産担保なので、一般のカードローンに比べきわめて低金利であるが、抵当権設定費用などは自己負担なので初期費用に注意が必要である。

⑤ リバースモーゲージ

主に60歳以上を対象に、戸建て住宅（一部マンションも可能）に抵当権を設定し、原則として借入人兼抵当権設定者は、毎月利息のみを支払い、死亡時に対象物件を売却処分して、一括返済するタイプの担保ローン。

❸ ローンを規制する法律

消費者向けのローンをはじめ、貸金業務には、資金需要者を保護するための法律が整備されている。その典型は、利息制限法と出資法という貸主が法的に請求可能な上限利息に関する法律である。この法律は、個人、法人、営業・非営業を問わず、適用され、貸付元本の額に応じた上限金利が定められ、元本が10万円未満では、実質年率20％以下、100万円未満のときは実質年率18％以下、100万円以上のときは15％以下とされており、同一人に複数の貸付がある場合は、元本を合算して、上限金利を超えないこととされている。

万一、利息制限法の上限金利を超えて貸付の契約をした場合は、貸金業法や銀行法等で行政処分が行われ、出資法で規定する20％超の金利での貸付は刑事罰が科せられる。また、自ら金銭の貸付をせずに貸金業者等との貸付を媒介したときの媒介手数料は、5％以下（1年未満のときは、実質年率）と制限されている。

また、銀行や保険会社などを除き、民間業者が貸金業を営む場合は、原則として貸金業法の適用があり、金融庁への登録なくして貸付をしたり、その媒介をしたりすることが禁じられている。

なお、貸付に際し、金融機関・貸金業者には犯罪収益移転防止法が適用され、資金需要者の本人特定事項の確認と取引時確認の義務が課せられており、公的証明書による本人認証と利用目的、職業などの確認を行わなければならない。

❹ 貸金業者のローン審査

　貸金業者には、貸付の契約を締結するに際して、借入希望者の他の貸金業者からの借入額を含めて、借入額が年収の3分の1以下であることの確認義務が定められており、自社への貸付希望額（枠）が、自社残高を加えて50万円を超える場合、および、この額に信用情報機関を利用した調査により判明した他社の借入残高を加えた額が100万円を超える場合には、源泉徴収票などの資力を証明する資料の提出を受け、上限を超過していないかどうかの確認を行わなければならない。

　ただし、住宅ローンや担保付オートローンの残高を合算する必要はない。

　貸付が、極度方式のカードローンの場合は、3カ月に一度、年収の3分の1を超えていないかどうか、指定信用情報機関に照会し、確認する必要がある。1カ月の借入額が5万円を超えたときも同様である。

　照会の結果、自社残高（極度額）と他社貸付残高の合計額が年収の3分の1を超えていることが判明したときは、貸金業者は、超えない額まで極度額を引き下げるか、貸出停止をしなければならないので、借り過ぎには注意する必要がある。

〔図表5－3〕上限金利

	貸付金利の上限　（実質年率）		遅延損害金の上限　（実質年率）	
利息制限法	元本が10万円未満のとき	年20%	29.20%	営業的金銭消費貸借契約の場合年20%
	元本が10万円以上100万円未満のとき	年18%	26.28%	
	元本が100万円以上のとき	年15%	21.90%	
出資法	営業的金銭消費貸借契約の場合	年20%	年20%　閏年の場合も同じ	
	上記以外の場合（個人の単発貸付や質屋の貸付など）	年109.5%	年109.5%	
		閏年109.8%	閏年109.8%	

実務上のポイント

- 消費者向けローンには、不動産や定期預金などの担保を必要とする「有担保ローン」と、カードローンやスマホローンなど担保を必要としない「無担保ローン」がある。
- ローンの場合は、年収の3分の1を超える貸付が禁止されている。
- 利息制限法と出資法は、法的に請求可能な上限利息を定める法律で、銀行にも貸金業者にも適用がある。
- 銀行やクレジット会社、消費者金融会社のローンでは、年20%を超える利息の徴求が禁止されている。

第6章

中小法人の資金調達

第 1 節

法人の資金需要

　法人の資金需要は、資金使途別に**運転資金**と**設備資金**に分けられ、調達方法の検討等も運転資金、設備資金に分けて行うのが一般的である。

❶ 貸借対照表で見る資金需要

　運用・調達状況を一表にした貸借対照表は一般的には〔図表6－1〕のようになる（金額的にボリュームの少ない科目等を捨象している）。

　運転資金については、

②売掛債権＋③棚卸資産－⑤買入債務＝経常（または必要）運転資金

となり、これに手許流動性も考慮した資金を、長・短期借入金などで賄うというのが一般的である。

〔図表6－1〕 一般的な貸借対照表の例

流動資産	① 手許流動性 （現預金・一時所有有価証券）		流動負債	⑤ 買入債務	支払手形 買掛金
	② 売掛債権	受取手形 売掛金			
				⑥ 短期借入金等	
	③ 棚卸資産	材料、仕掛品、 半製品、製品、 商品	固定負債	⑦ 長期借入金、社債等	
固定資産等	④ 土地、建物、投資等		純資産	⑧ 資本金、利益剰余金等	
	（繰延資産）				

　一方、固定資産については、投資計画に基づいて個別（あるいは期中一括）の設備資金の調達計画により、自己資本充当分と⑦の長期借入金等（間接金融）や増資、社債等（直接金融）により手当てされるのが一般的である（番号は〔図表6-1〕の番号に該当）。

❷ 運転資金

　企業の営業循環上生ずる資金滞留（売掛債権や棚卸資産）により資金需要が発生するが、この資金は企業が日常の営業活動を進めていくうえで必要な資金であり、運転資金という。〔図表6-2〕に示したものが一般的なものである。

　ベースとなるのは**経常運転資金**であり、その延長線上に売上の変化や企業間信用条件の変化によって必要となる**増加運転資金**がある。このほかに、一時的な運転資金として、季節資金や決算・賞与資金、減産資金、つなぎ資金、また長期化する後ろ向きの運転資金として滞貨資金、赤字資金といったものもある。

① **経常運転資金**
　a．残高からの把握（基本算式）
　　売掛債権＋棚卸資産－買入債務
　b．回転期間からの把握

〔図表6-2〕運転資金の主な種類

経常的な運転資金	経常運転資金	企業の営業活動を継続するために必要な仕入、在庫、売掛債権を賄うために生ずる資金需要
	増加運転資金	生産・販売の拡大、取引条件変化に伴う資金需要
一時的な運転資金	季節資金	仕入や販売の時期に偏りのある商品を扱う企業にみられる、季節的な在庫備蓄に伴う資金需要
	決算・賞与資金	決算支出（税金、配当金、役員賞与）と従業員賞与のための資金需要
	減産資金	減産時、一時的に回収が支払より減少することにより発生する資金需要。収益の向上により返済するが、できないと赤字資金となる
	つなぎ資金	入金や調達のタイムラグによって発生する資金需要
長期化する運転資金	滞貨資金	市況の変化などでデッドストック（滞貨）を抱えた場合、これを維持し適正在庫まで戻すための資金需要。在庫の正常化、収益の向上により返済するが、できないと赤字資金となる
	赤字資金	企業業績が悪化し、損失が生じた場合に、その損失を補てんするための資金需要

第6章

平均月商×（売掛債権回転期間＋棚卸資産回転期間－買入債務回転期間）

c．取引条件からの把握

当該企業が商習慣としている回収条件や支払条件を把握し、そこから売掛債権、棚卸資産および買入債務の理論値としての勘定残高を推計して、その残高からaと同様の差引き計算により必要運転資金の平均的な所要額を算出する方法

② 増加運転資金

増加運転資金は、ある期間における経常運転資金の増加分で、営業規模の拡大や仕入・販売等の取引条件の変化に伴って発生する資金である。

資金需要の要因としては、大別して次の2つが考えられる。

- 売上の増加
- 取引条件（売掛・買掛期間、手形回収率および手形支払率、手形サイト）の変化

企業では、経常運転資金に、増加運転資金を加味して資金計画を立てる。増加運転資金の所要額は、発生要因である売上の増加と取引条件（回転期間）の変化によるものであるから、平均月商増加額と収支ズレ（売上および在庫と仕入の回転期間のズレ）を基に算出することができる。実務的には将来の経常運転資金予想額と現状の経常運転資金額の差額として把握する。

❸ 設備資金

設備資金は、工場や店舗、事務所等の建設、機械・器具の購入、合理化、省エネ、省力化、DX推進・環境対応等の投資に伴い必要となる資金で、企業の生産能力や販売力を高め、コスト競争力を強めるなど、企業が成長し発展する基盤になるものである。

半面、設備投資は多額の資金を固定化することになり、また、損益面では固定費の負担が増加し損益分岐点を押し上げることになるので、計画どおりの売上高の確保、生産の合理化等ができなければ、安全性・収益性は悪化することになる。

このように、設備投資は企業の財務・収益体質を長期にわたって制約するという要素をもっているので、景気動向、業界動向、需給関係、技術進展の方向、利益計画、資金計画など多角的かつ長期的視点からの検討が必要となる。

検討すべき主なポイントは、①投資目的、②投資内容の妥当性、③投資時期のタイミング、④投資効果、⑤資金計画・償還財源などであるが、資金的な側面では、投資効果、資金の調達計画、返済能力と償還財源の検討が重要である。

① 投資効果の検討

投資効果は、投資目的との関連で判定することになる。生産力増強投資のような場合、売上や利益増を目的とするものであるから、設備投資が立ち上がってフル稼働する段階では、資金面および収益面から、最低でも以下の2条件はクリアしなければならない。

ａ．限界投資利益率が借入金の利率を上回ること

$$限界投資利益率＝\frac{増加利益（支払利息控除前）}{設備投資額＋投資による流動資産の増加額}$$

ｂ．当該設備投資によって生み出されるキャッシュフロー（設備投資による限界利益×〔１－法人税等の実効税率〕＋新規減価償却費増加額）が、借入れの元本返済額を上回ること

つまり、その投資自体で利益に寄与し、借入金の償還が可能であることが目安になる。

② 資金調達計画の検討

資金の調達計画は、所要時期と関連させて、増資や社債の発行、借入れなどの妥当性と実現可能性を調べる。なお、自己資金による調達と外部借入依存の割合については、自社の資本構成、金利負担能力、償還能力などを総合して適当かどうかを検討する。

③ 返済能力の検討

返済能力の検討は、投資の安全性を把握するうえで最も重要である。利益計画が過大に見積もられるケースや、設備完成後の収益が設備借入返済負担額ぎりぎりで余裕のないケースがしばしば見受けられる。特に、設備投資後の売上見込みは希望的観測のものになりやすい。コスト面では、維持費の増加も考慮しなければならない。また、予想収益は少なくとも２～３割は下回る可能性も加味して、利益計画の実現可能性を検討する必要がある。

④ 償還財源（キャッシュフロー）の予測

設備資金の返済原資は、留保利益に、現金支出を伴わない費用としての減価償却費、引当金増加分等を加えたキャッシュフローである。増資や社債の発行、資産売却代金などは不確定要素を含むため、償還財源としては第二義的に考えるべきである。基本的には、営業活動から生み出される内部留保利益をベースとした上記のキャッシュフローからの返済能力があるかどうかがポイントになる。なお、この償還財源の金額は、資金移動表上での経常収支から決算資金を差し引いたものとしてとらえられることもある。

償還財源

（経常利益 － 法人税等）－（配当金など社外流出）＋ 減価償却費など非現金支出費用
－（既往長期借入金返済額＋設備等手形および延払決済額）

第2節

資金調達の種類と特性

　企業の資金調達の方法は、金融機関等から資金を調達する**間接金融**、証券市場や投資家等から資金を調達する**直接金融**などに分けられる〔図表6－3〕。

　このほか、リースを含めたノンバンク融資等による場合や支払手形や買掛金など**企業間信用**、また返済不要の資金である補助金・助成金も調達方法の一つである。

① 金融機関借入

　金融機関等からの借入れは、他の調達方法に比べ簡単で、機動的な資金調達が可能であるため、企業の最もポピュラーな調達手段である。

　資金コストは、企業の信用格付、期間、担保の有無等によって異なり、また、最近では一般的な短期・長期のプライムレートを基準とした金利に加え、金利スワップ、オプション等を組み合わせたものも定着している。

(1) 借入形態

　借入形態の基本的なものとしては、①手形割引、②手形借入、③当座借越、④証書借入がある。これらを基本としながら、借入れや貸付方法、審査方式等の違いにより、その他のさまざまな借入形態がある。

① 手形割引

　手形割引とは、商取引に基づき振り出された商業手形を所持する企業が、支払期日前に金融機関に割引料（利息）を支払い買い取ってもらうことにより資金調達する方法である。

② 手形借入（金融機関側から見ると手形貸付）

　手形借入とは、借入れの実行にあたって、借用金証書の代わりに借入金額と同額の約束手形（金融機関あて）を振り出して借入れする方法である。短期借入金に利用される。

〔図表6－3〕企業の主な資金調達方法

形態	調達方法		調達コスト
外部金融	企業間信用	掛仕入（買掛金）、手形振出（支払手形）	－
	間接金融	金融機関からの借入れ（手形割引、手形借入、当座借越、証書借入）	利子、割引料
	直接金融	新株発行	配当、発行費
		社債発行（普通社債、転換社債、新株予約権付社債）	利子、発行費
	助成金等	助成金、補助金	－
内部金融	自己金融	利益留保	－
		減価償却費	－

③ 当座借越（金融機関側から見ると当座貸越）

　当座借越とは、当座取引に付随して締結した当座勘定貸越約定書に基づいて振り出した手形・小切手が提示された際、当座預金に残高がなくても借越極度額の範囲内でその決済が行われる形態の借入れである。

④ 証書借入（金融機関側から見ると証書貸付）

　証書借入とは、借主が借入れについての内容、条件等を記載した借用金証書（金銭消費貸借契約証書）を貸主に差し入れて借入れを行う方法である。長期借入金に利用される。

⑤ カードローン

　カードローンとは、金融機関との間で利用限度額を決めて契約し、専用のローンカードで口座から引き出して融資金を受領する方法である。その金額の範囲以内であれば、ATMなどを利用して自由に何度でも借り入れて返済を行える。貸越口座と預金口座が同じ場合と別の場合がある。

⑥ コミットメントライン

　コミットメントラインとは、金融機関との間で一定の融資枠を約定し、手数料を支払うことにより、契約期間を通じていつでも枠内での融資が受けられる契約である（ただし、債務が一定限度を超えないなど財務条項の制約等がある）。

⑦ シンジケートローン

　シンジケートローンとは、複数の金融機関がシンジケート団を結成し、同一の条件・契約に基づいて融資を行う方法である。通常は、代表金融機関がアレンジャーとして、借入

第6章

人とシンジケート団との間で、条件や契約の履行管理などの調整を図る。

⑧ インパクトローン

インパクトローンとは、米ドル、ユーロ等の外貨による借入れを行うもので、基本的な与信判断は一般の借入れと同じである。

インパクトローンでは、輸出債権など外貨建て債権を有する取引先が為替変動リスクを回避するために外貨による借入れを受ける場合等を除き、為替相場の変動に留意する必要がある。為替変動リスクを回避するために、返済時の為替相場をあらかじめ先物予約により締結し、返済円貨額を確定させる「先物予約付インパクトローン」もある。

⑨ デリバティブローン

デリバティブローンとは、一般のローンに、スワップ取引、オプション取引、先物取引などのいわゆるデリバティブ取引をセットしたものである。

基本的な取引手法としては、「金利スワップ」「円－円スワップ」「通貨スワップ」「金利・通貨スワップ」「金利オプション取引」「通貨オプション取引」「金利先物取引」「通貨先物取引」などがあるが、これらの基本的な取引手法を組み合わせることによりさまざまなタイプの取引パターンが可能になるため、仕組みはかなり複雑なものが多い。

⑩ ABL（Asset-Based Lending：動産・債権担保融資）

企業が保有する売掛債権や在庫、機械設備等の動産あるいは知的財産等の担保価値に基づいた融資。不動産担保や個人保証に過度に依存しない金融手法としてその積極活用が推進されている。

ABLには主に以下の特徴がある。

- 担保となる不動産がない企業でも融資を受けられる可能性が高まる。
- 経営管理の効率化、在庫管理コストの低下につながる。
- 貸手の審査や企業側の登記手続に一定の時間を要する。
- 貸手に対して担保物件の状況等を定期的に報告する義務がある。
- 報告を通して貸手と借手のリレーションを高めることができる。

⑪ ビジネスローン

審査様式が異なるものとしてビジネスローンがある。ビジネスローンとは、借入れに際して、不動産等の物的担保や第三者保証人などの人的担保は必要なく、一般に、代表者の保証のみで借入れが可能で、即日～3日程度の迅速な審査が特徴である。借入れ希望者が提出した過去2～3期分の決算書の数値をコンピューターに入力すれば、クレジットスコアリングに基づき融資可能金額および金利が算定される。

ビジネスローンは、金融機関のほか、いわゆるノンバンク（信販会社、消費者金融会社

等）でも取り扱っている。

（2）電子記録債権

　電子記録債権は、電子記録債権法により、事業者の資金調達の円滑化等を図るために創設された新しい類型の金銭債権である。債権の内容は電子的な記録によって管理されるが、手形・指名債権（売掛債権等）の問題点を克服したものとして、普及が進んでいる。

　電子記録債権を利用した主なサービスには、全国銀行協会（全銀協）の「でんさいネット」のほか、都市銀行関連の独自サービスとして「電手決済サービス（電手）」等がある。

① でんさいネット

　「でんさいネット」は、全銀協100％出資の株式会社全銀電子債権ネットワークが、電子記録債権をインターネット上で取り扱うサービスである〔図表6－4〕。「でんさいネット」にはほぼすべての金融機関が参加しており、2024年1月までの利用登録企業数は約49万社にのぼり、2024年1月（月間）の発生記録請求件数は約62万件、金額は3.5兆円、月末残高は約13兆9,000億円と右肩上がりで利用が増加している。

a．支払利用のメリット

- 手形と異なり印紙税は課税されない。また、郵送コストも削減される。
- 手形の振出し作業や郵送作業等、支払に関する事務負荷が軽減される。
- ペーパーレス化により紛失や盗難の心配がなく、災害時にも強い。

〔図表6－4〕でんさいネットの取引イメージ

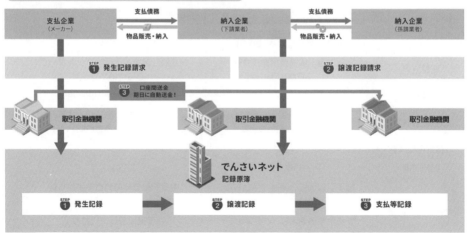

資料：でんさいネットホームページより

- 手形、振込、一括決済等、複数の支払手段を一本化すれば効率化が図れる。

b．受取利用のメリット

- 領収書の発行に係る印紙税や郵送料等のコストを削減することが可能。
- 支払期日になると口座に自動的に入金されるので、面倒な取立手続きは不要。
- ペーパーレス化により紛失や盗難の心配がなく、災害時にも強い。
- 分割して譲渡や割引することで、債権を資金繰りのために有効活用できる。

② 都市銀行系の電子記録債権サービス

a．電手決済サービス（電手）

　三菱UFJ銀行が中心となり、業界に先駆けて2009年から行っている電子決済サービスである。電子手形は電子記録債権の一つであり、支払企業の信用リスクにより納入企業へのファイナンスを提供している。参加金融機関は三菱UFJ銀行、商工中金のほか、地方銀行等41の計43行（2024年1月末現在）であり、電手流通残高は約5兆円となっている〔図表6－5〕。

b．みずほ電子債権決済サービス（電ペイ）

　みずほ銀行がみずほグループの電子債権記録機関であるみずほ電子債権記録株式会社とともに提供しており、電子記録債権の決済サービスと買取（資金化）サービスがある。

c．支払手形削減サービス（でんさいファクタリング支払サービス）

　従来の一括ファクタリングとでんさいを組み合わせた決済サービスで、三井住友銀行がSMBC電子債権記録株式会社とともに提供している。

〔図表6－5〕「電子手形（でんて）」と「でんさい」の比較

	電手決済サービス（電手）	でんさい
記録機関	日本電子債権機構株式会社（JEMCO）	株式会社全銀電子債権ネットワーク（でんさいネット）
株主	三菱UFJファクター	一般社団法人全国銀行協会
取扱金融機関	三菱UFJ銀行および全国のJEMCO提携金融機関	でんさいネットに加入するすべての金融機関
取扱金融機関数	43	494
開始時期	2009年8月	2013年2月
サービスの特徴	電子記録債権の特徴を生かした決済サービス	電子記録債権の特徴を生かした決済サービス
	支払企業の信用リスクにより、納入企業へのファイナンスを提供	手形・振込に代わる新たな決済インフラ

❷ 公的融資（日本政策金融公庫の融資制度）

　政府系金融機関で取り扱う融資や、地方自治体が民間金融機関や信用保証協会等と協力して行う制度融資を公的融資と総称している。

　公的融資は、その時々の景気、社会的要請、政策的な背景等を受けて、私企業である民間金融機関では融資がむずかしいものへの対応と補完的な役割を果たし、中小企業を中心にさまざまな資金ニーズに有利な条件で対応できるようになっている。公的融資については、政策的に決められた資金枠の制約があること、融資を受けるためには公的な診断や審査が必要な場合もあるなど、民間金融機関の融資とは手続が異なり注意が必要である。

　中小企業への公的融資を行う代表的な金融機関に、株式会社日本政策金融公庫がある。

　日本政策金融公庫の業務は、国民生活事業、中小企業事業、農林水産事業の３事業に加え、危機対応等円滑化業務からなっている。

(1) 国民生活事業

　国民生活事業は、主に小規模事業者や創業者を対象にして、小口融資を行っている。融資先の約９割は従業員９人以下の小規模事業者で、平均融資残高は約900万円と小口融資が主体で、無担保融資の割合は９割超となっている。主な融資制度は次のとおりである〔図表６−６〕。

第
6
章

〔図表6-6〕国民生活事業の主な融資制度

(国民生活事業)

融資制度		利用者	融資限度額	融資期間（うち据置期間）
一般貸付		事業を営む者 （ほとんどの業種）	4,800万円 特定設備資金：7,200万円	設備資金：10年以内（2年以内） 特定設備資金：20年以内（2年以内） 運転資金：7年以内（1年以内）
新企業育成貸付	新規開業資金	新たに事業を始める者または事業開始後おおむね7年以内の者	7,200万円 （うち運転資金4,800万円）	設備資金：20年以内（2年以内） 運転資金：7年以内（2年以内）
	女性、若者／シニア起業家支援関連	女性または35歳未満か55歳以上の者		
	再挑戦支援関連	廃業歴のある者等一定要件に該当する者		設備資金：20年以内（2年以内） 運転資金：15年以内（2年以内）
	中小企業経営力強化関連	中小企業会計を適用し、事業計画書の策定を行って認定経営革新等支援機関による指導および助言を受けている者		設備資金：20年以内（2年以内） 運転資金：7年以内（2年以内）
	新事業活動促進資金	経営多角化、事業転換などにより、第二創業などを図る者、新市場進出を図る者		
企業活力強化貸付	事業承継・集約・活性化支援資金	事業承継等に際して、株式や事業用資産を取得する者等	7,200万円 （うち運転資金4,800万円）	設備資金：20年以内（2年以内） 運転資金：7年以内（2年以内）
	ソーシャルビジネス支援資金	NPO法人や、保育・介護サービスを営む者、または社会的課題の解決を目的とする事業を営む者	7,200万円 （うち運転資金4,800万円）	設備資金：20年以内（2年以内） 運転資金：7年以内（2年以内）
セーフティネット貸付	経営環境変化対応資金	社会的、経済的環境の変化などの外的要因により、一時的に売上が減少するなど業況が悪化している者	4,800万円	設備資金：15年以内（3年以内） 運転資金：8年以内（3年以内）
	取引企業倒産対応資金	取引企業等関連企業の倒産により経営に困難を来している者	別枠3,000万円	運転資金：8年以内（3年以内）
資本性ローン（挑戦支援資本強化特別貸付）		スタートアップや新事業展開・海外展開・事業再生などに取り	7,200万円	5年1カ月以上20年以内 （期限一括返済、利息は毎

		組む者で、技術・ノウハウに新規性があるなど、一定の要件に該当する者		月払）
その他の融資制度	マル経融資（小規模事業者経営改善資金）	商工会議所、商工会等の経営指導を受けている者	2,000万円	設備資金：10年以内（2年以内） 運転資金：7年以内（1年以内）
	新創業融資制度	新たに事業を始める者または事業開始後で税務申告2期終えていない者	3,000万円（うち運転資金1,500万円）	各融資制度の返済期間以内で併用可能、無担保・無保証人

　なお、新事業活動促進資金は2024年4月から拡充され、「新市場進出を図る者」が対象に追加された。

（2）中小企業事業

　中小企業事業は、中小企業の資金ニーズに対応する長期固定金利の融資を行っている。融資先の約8割は従業員20人以上、平均融資残高は約1.3億円、うち約8割が期間5年超の融資である。中小企業事業の融資制度には国民生活事業と同様の目的のものもあるが、融資対象の規模等の相違から融資限度額は10倍以上と大きくなっている。主な融資制度は次のとおりである〔図表6－7〕。

〔図表6－7〕中小企業事業の主な融資制度

融資制度	利用者	融資限度額	融資期間（うち据置期間）
スタートアップ支援資金	革新的なビジネスモデルで急成長を目指す事業に取り組む者で所定の要件を満たす者	14億4,000万円※限度額引き上げ予定	設備資金・運転資金：20年以内（10年以内）
新事業活動促進資金	「経営革新計画」等の認定を受けた者や、経営多角化、事業転換等により第二創業または新たな取組み等を図る者	7億2,000万円（うち運転資金2億5,000万円）	設備資金：20年以内（2年以内） 運転資金：7年以内（2年以内）
中小企業経営力強化資金	認定経営革新等支援機関による指導・助言を通じた経営革新や新事業分野の開拓等、または「中小企業会計」に従った会計処理を行う者	7億2,000万円（うち運転資金2億5,000万円）	設備資金：20年以内（2年以内） 運転資金：7年以内（2年以内）

事業承継・集約・活性化支援資金		事業の譲渡、株式の譲渡、合併などにより経済的または社会的に有用な事業や企業を承継・集約化する者	7 億 2,000万円 ※限度額引き上げ予定	設備資金：20年以内（2年以内） 運転資金：7 年以内（2年以内）
環境・エネルギー対策資金		非化石エネルギーの導入、省エネルギーの促進、再生資源の有効利用およびグリーントランスフォーメーションの取組などにより環境対策の促進を図る者	7 億 2,000万円	20年以内（2年以内）
事業再生・企業再建支援資金（企業再建・経営改善支援関連）		経営改善、経営再建等に取り組む必要がある者で所定の要件を満たす者	7 億 2,000万円	設備資金：20年以内（2年以内） 運転資金：15年以内（一定要件を満たす場合は20年以内）（2年以内）
資本性ローン	挑戦支援資本強化特別貸付（資本性ローン）	新規事業、企業再建等に取り組む者で、地域経済の活性化のために一定の要件を満たす事業に取り組む者	10億円	5 年 1 カ月以上20年以内（期限一括返済、利息は毎月払）
	新型コロナウイルス感染症対策挑戦支援資本強化特別貸付（新型コロナ対策資本性劣後ローン）	新型コロナウイルス感染症の影響を受けた者で、関係機関の支援を受けて事業の発展・継続を図る等所定の要件を満たす者		

（3）農林水産事業

　農林水産事業は、農林水産業や食品産業を対象にして融資を行っている。農林水産業は、「天候や自然災害などの影響を受けやすく収益が不安定」「投資回収に長時間を要する」という特性があり、公的融資での安定サポートが必要となる。主な融資制度は次のとおりである〔図表 6 − 8〕。

〔図表 6 − 8〕農林水産事業の主な融資制度

融資制度	利用者	融資限度額	融資期間（うち据置期間）
スーパー L 資金	認定農業者	【個人】3 億円（特認 6 億円） 【法人】10億円（特認20億円） ［一定の場合30億円］	25年以内（10年以内）

経営体育成強化資金	一定の要件を満たす農業を営む個人・法人、認定新規就農者、農業参入法人、集落営農組織等	負担額の80％、ただし【個人・農業参入法人】１億5,000万円【法人・団体】５億円	25年以内（３年以内）
青年等就農資金	認定新規就農者	3,700万円（特認１億円）	17年以内（５年以内）
農業改良資金	６次産業化法や農商工等連携促進法に定める計画認定を受けた中小企業者等	【個人】5,000万円【法人】１億5,000万円	12年以内（５年以内）

資料：日本政策金融公庫ホームページより作成

（4）その他、災害等関連融資

　この他に、特別貸付として、「新型コロナウイルス感染症特別貸付」や「令和６年能登半島地震特別貸付」等があり、災害や感染症による影響を受けた事業者に対して、通常の融資とは別枠で融資条件も優遇した金融支援を行っている。

〔図表６－９〕令和６年能登半島地震特別貸付の概要

	直接被害者	間接被害者	その他被害者
対象者	令和６年能登半島地震による災害救助法の適用を受けた地域の属する都道府県内に事業所を有し、かつ、当該事業所が令和６年能登半島地震により直接の被害を受けた者	左記の直接の被害を受けた者（大企業を含む。）の事業活動に依存し、間接的に被害を受けた者	令和６年能登半島地震に起因する社会的要因による一時的な業況悪化により、資金繰りに著しい支障を来しているまたは来すおそれのある者であって、中長期的に業況の回復が見込まれる者
資金使途	被災によって生じた損害を復旧するために必要な設備資金および運転資金		災害に伴う社会的要因等により必要とする設備資金および運転資金※生活衛生セーフティネット貸付は運転資金のみ
融資限度額	各融資制度のご融資限度額に6,000万円を加えた額		別枠で4,800万円（セーフティネット貸付）※生活衛生セーフティネット貸付は別枠で5,700万円
返済期間	設備資金：20年以内［うち据置期間５年以内］運転資金：15年以内［うち据置期間５年以内］		

資料：株式会社日本政策金融公庫ホームページより作成

第６章

❸ 信用保証協会保証付融資（マル保融資）

　信用保証協会保証付融資（マル保融資）とは、信用保証協会の保証が付いた融資をいう〔図表6－10〕。

　信用保証協会は、中小企業の金融の円滑化を図るために、大企業等に比べて信用力の弱い中小企業者が金融機関から事業資金の融資を受けるときに、その借入金等の債務を保証することにより、金融機関からの借入れを容易にすることを狙いとした公的機関である。

　環境変化により売上や利益が減少して資金繰りに支障を来している中小企業や、担保力が不足しているために資金の安定供給を受けられない中小企業の資金繰りや経営安定資金の融資も取り扱っている。

　都道府県・市区町村等の地方自治体で扱っている中小企業向け融資制度は、自治体、信用保証協会、指定金融機関の三者が協調して実施している。各自治体では、地域の中小企業者等に信用保証付融資制度をあっせんして資金調達を支援している。自治体によって、金利補助あるいは信用保証料補助が受けられる場合もある。

(1) 信用保証協会保証付融資の概要

① 保証対象先

　信用保証協会保証付融資の対象先については詳細に規定されているが、業種、資本金、従業員、許認可等の基準の概略は次のとおりである。なお、反社会的勢力は、信用保証制

〔図表6－10〕信用保証制度の仕組み

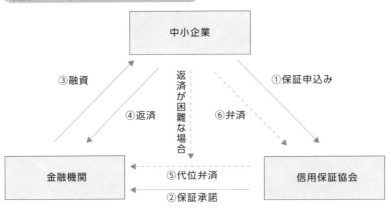

度の利用はできない。

a．業種

中小企業者であれば、ほとんどの業種が対象になるが、農林漁業（一部を除く）、風俗営業の一部、娯楽業の一部、金融業、宗教法人、非営利団体（NPOを除く）、LLP（有限責任事業組合）等、その他保証協会で不適当と認める業種は対象にならない（対象になる業種は、中小企業信用保険法施行令1条に定められている）。

b．資本金・従業員

原則として、中小企業信用保険法に定める中小企業が対象であり、資本金（出資金）または常時使用する従業員数のいずれかが、〔図表6－11〕の要件を満たしていることが必要である。

なお、中小企業等協同組合などの組合や医療法人なども対象になっている。

c．許認可等

許認可や届出等を必要とする業種を営んでいる（または営む）場合は、当該事業に係る許認可等を受けている（または受ける）ことが必要である。

② 保証限度額

中小企業信用保険法に基づいて保証金額を定めているため、その保険限度額と保証限度額はほとんどの保証協会で同額になっている。

〔図表6－11〕信用保証協会保証付融資の対象となる企業規模

業種		資本金	常時使用する従業員（小規模企業者）
製造業等（建設業・運送業・不動産業を含む）		3億円以下	300人以下（20人以下）
	ゴム製品製造業（自動車または航空機用タイヤおよびチューブ製造業ならびに工業用ベルト製造業を除く）	3億円以下	900人以下（20人以下）
卸売業		1億円以下	100人以下（5人以下）
小売業・飲食業		5,000万円以下	50人以下（5人以下）
サービス業		5,000万円以下	100人以下（5人以下）
	ソフトウェア業または情報処理サービス業	3億円以下	300人以下（20人以下）
	旅館業	5,000万円以下	200人以下（20人以下）
医業を主たる事業とする法人		－	300人以下（20人以下）

（※）資本金または常時使用する従業員数のいずれか一方が該当すれば対象となる。
（※）原則として上表によるが、旅行業等、業種によって条件が別に定められている場合がある。

第6章

　具体的には、普通保証2億円（組合4億円）、無担保保証8,000万円、特別小口保証2,000万円になっており、特別小口保証は他種保証との併用はできないことになっている。したがって、一般保証限度額は2億8,000万円（組合4億8,000万円）になる。また、これとは別の保険に基づく保証や保険の特例により、認定不況業種に対しては別枠で保証を受けられるケースもある。たとえば、一般保証限度額と同額の経営安定資金保証枠が用意されている。

　なお、信用保証協会保証付融資は、原則として金融機関が融資額に対する信用リスクの2割相当を負担している（責任共有制度）。ただし、経営安定関連保証（セーフティネット保証）の一部、創業関連保証、小口零細企業保証等の保証などは責任共有制度の対象外となっている。

③　信用保証料

　信用保証料率は、企業の財務状況を踏まえた9つの料率区分となっており（セーフティネット保証等一部の保証商品を除く）、中小企業信用リスク情報データベース（CRD）により評価し適用する。また、経営安定関連保証（セーフティネット保証）など一部の保証制度では、特別料率が適用される。

(2) 主な信用保証制度

①　セーフティネット保証制度（経営安定関連保証制度）

　セーフティネット保証制度は、取引先の倒産（法的整理の申請を含む）や事業活動の制限、災害、取引金融機関の破綻等により経営の安定に支障を来している中小企業者について、保証限度額の別枠化等を行う制度である。対象は、次の第1号〜第8号（連鎖倒産防止、取引先企業のリストラ等の事業活動の制限、突発的災害（事故等）、突発的災害（自然災害等）、業況の悪化している業種（全国的）、取引金融機関の破綻、金融機関の経営の相当程度の合理化に伴う金融取引の調整、金融機関の整理回収機構に対する貸付債権の譲渡）のいずれかにより経営の安定に支障を来している中小企業者であって、事業所の所在地を管轄する市区町村長により、中小企業信用保険法に基づく認定を受けた者である。保証料率はおおむね1％以内で、保証協会ごとおよび保証制度ごとに定められている。原則として、保証限度額（一般）は普通保証2億円・無担保保証8,000万円である。経営安定関連保証と危機関連保証を併用する場合、それぞれに対して、一般保証とは別枠の保証限度額が付与される。また、金融機関が継続的な伴走型支援を実施することにより新型コロナウイルス感染症の影響を受けた中小企業等の経営の安定や生産性等の向上を図ることを目的とした「伴走支援型特別保証制度」（保証限度額1億円、保証料補助あり）も創設さ

〔図表6－12〕借換保証のイメージ

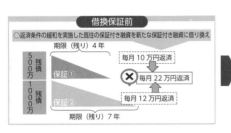
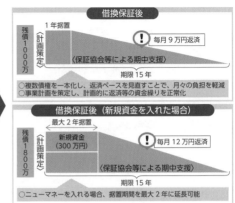

資料：中小企業庁ホームページより作成

れている。

② 借換保証制度（条件変更改善型借換保証）

保証付きの既往借入金について返済条件の緩和を行っている中小企業者を対象とする保証制度〔図表6－12〕。金融機関および認定経営革新等支援機関の支援を受けながら、経営改善の見込まれる事業計画を策定することを前提に、保証付きの既往借入金を借り換えられる。

融資限度額2億8000万円（組合等4億8000万円）、保証期間15年以内（据置期間1年以内）、保証料率は責任共有対象の一般保証料率。新たに事業者が前向きな投資等を行うにあたって新規資金を追加する場合は、据置期間を最大2年まで延長可能。

③ 流動資産担保融資保証制度（ABL保証）

中小企業・小規模事業者が自ら有する売掛債権や棚卸資産を担保として金融機関から借入れを行う際に保証を行う制度。原則として、保証割合は80％で、保証限度額は2億円（金融機関からの借入限度額は2億5,000万円）である。

④ スタートアップ創出促進保証

経営者の個人保証が起業・創業の阻害要因とならないように、経営者保証を不要とする創業時の新しい信用保証制度として、「スタートアップ創出促進保証制度」を創設。保証対象者は、創業予定者（これから法人を設立し、事業を開始する具体的な計画がある者）、分社化予定者、創業後または分社化後5年未満の法人等である。保証限度額3500万円、保証期間10年間（据置期間1年以内）、保証料率は創業関連保証の保証料率に0.2％上乗せ。

第6章

〔図表6-13〕スタートアップ創出促進保証の概要

保証対象者	● 創業予定者（これから法人を設立し、事業を開始する具体的な計画がある者） ● 分社化予定者（中小企業にあたる会社で事業を継続しつつ、新たに会社を設立する具体的な計画がある者） ● 創業後5年未満の法人 ● 分社化後5年未満の法人 ● 創業後5年未満の法人成り企業
保証限度額	3,500万円
保証期間	10年以内
据置期間	1年以内（一定の条件を満たす場合には3年以内）
金利	金融機関所定
保証料率	各信用保証協会所定の創業関連保証の保証料率に0.2%上乗せした保証料率
担保・保証人	不要

資料：中小企業庁ホームページ

(3) 地方自治体の融資制度

　都道府県や市区町村などの地方自治体、信用保証協会、指定金融機関の三者が協調して、中小企業支援のために行っている融資制度である。

　小規模企業向け融資、一般事業資金融資、創業融資、産業競争力強化融資、経営支援融資、企業再生融資など、さまざまな融資が各自治体で地域ニーズ等に応じて設けられている。中小企業が融資を受けやすくするためのあっせんを行うほか、自治体や制度によっては金利補助や信用保証料補助の優遇措置があるものもある。

❹ 私募債の発行

　私募債は企業が発行する社債券であり、資本市場から直接調達（直接金融）する手段である。私募債は、証券会社を通じて広く一般に募集される公募債とは異なり、少数の特定先が直接引受する。

　少人数私募債は、少人数の縁故者や取引先を対象として発行する社債で、通常の社債に比べて、①手続が簡単、②無担保で発行可能といったメリットがある。これまで有限会社などは発行できなかったが、会社法の制定によりすべての会社に活用の道が開かれた。

　なお、少人数私募債を発行するためには、①社債権者が50名未満、②社債権者に適格機

関投資家（銀行・証券会社など）がいない、③社債総額を最低券面額で除した数が50未満（たとえば、最低券面額が100万円の場合は社債総額が5,000万円未満）などの発行条件を満たす必要がある。社長の一族や、取引先、社員など縁故者に限定して社債を直接募集するのは、縁故私募債ともいわれている。

　また、私募債を発行する際に一定要件を満たせば、信用保証協会の「特定社債保証制度」を活用することが可能である。保証割合は8割で保証限度額4億5000万円、保証期間7年以内、保証料率は社債総額に対して0.45％～1.90％、取扱金融機関と保証協会との共同保証である。

❺ エクイティ・ファイナンス（増資）

　エクイティ・ファイナンス（増資）とは、会社の事業や将来性等を評価のもと、株式を発行する対価として出資者から資金提供（出資）を受けることである。借入（負債）とは異なり、返済の義務が無いため、財務基盤の安定に繋がり、企業としての信用力向上の効果がある。増資の種類はさまざまであるが、払込金の有無により有償増資、無償増資、募集方法により株主割当増資、第三者割当増資、公募増資などに分類することができる。出資者の候補としては、下記などがある。

(1) 金融機関（投資ファンドを含む）

　金融機関や投資ファンドは、所要資金額が大きい場合も対応できることが多いほか、経営管理や組織体制の改善・強化等に出資者の多様なネットワークによる支援を期待する場合にも有効な出資先候補となる。また、金融機関ではグループ内に投資ファンドがある場合や投資ファンドとのネットワークを持つ場合も多い。

(2) 親密な取引先（仕入販売先）

　事業をよく理解している親密な取引先は、チャレンジに対する評価も適切に行えるほか、取組みに対して実務的な支援も期待できる。さらに、新規事業開発等の取組みに対して出資を行うことは、事業シナジーが生まれやすいというメリットもある。

(3) ベンチャー・キャピタル（VC）

　ベンチャー・キャピタルとは、将来株式の公開が見込める成長力に富む株式未公開企業

に対し、高いリスクを負いつつも、将来の高いキャピタルゲインを得る目的で投資することにより、投資先を支援・育成する企業である。

ベンチャー・キャピタルの業務内容は以下のとおりである。

- 株式の取得（第三者割当増資の引受、既発行株式の買取り）
- 新株予約権付社債（転換社債、ワラント債）の取得
- 融資、保証、ファクタリング、リース等の付随業務

したがって、設立後間もないベンチャー企業が、設備資金等をベンチャー・キャピタルから導入する場合には、直接金融と間接金融の両方による資金調達の方法が可能である。

また、CVC（Corporate Venture Capital）とは、事業会社が社外のベンチャー企業に対して投資を行う活動のことである。

ベンチャー・キャピタルとの相違点は以下のとおりである。

- 資金の出し手が投資家ではなく、単独の事業会社である
- ファンドの運用はVCではなく、事業会社の投資部門や投資子会社が行うことが多い
- 目的はキャピタルゲインではなく、事業シナジーを主とする

したがって、CVCを活用することで、事業会社は自社でイチから研究開発を行うよりも低リスクで新規事業を起こすことができる。ベンチャー企業にとっては、事業会社の資本や販路などを活用して、成長を加速させることが期待できる。

(4) 中小企業投資育成株式会社（東京・名古屋・大阪）

中小企業投資育成株式会社は、中小企業の自己資本充実を促進し、その健全な成長発展や経営安定化を図るために、中小企業投資育成株式会社法に基づき設立された政策実施機関である。株式の引き受けにより、経営権の安定や、経営承継に威力を発揮する「投資」と、経験やネットワークを活かし中立的な立場で支援する「育成」の二つの側面から企業の成長を支援する。

民間のベンチャー・キャピタルとは投資対象や保有方針、期待する収入などさまざまな点で異なり〔図表6−14〕、事業承継対策に利用されることも多い。

(5) アグリビジネス投資育成株式会社

業種限定の投資育成会社としてアグリビジネス投資育成株式会社がある。当社は「農業法人に対する投資の円滑化に関する特別措置法」に基づき、日本政策金融公庫およびJAグループの共同出資により設立された、農業法人に対する投資育成事業を行う会社である。2021年4月の法改正（「農林漁業法人等に対する投資の円滑化に関する特別措置」）を受け

〔図表6−14〕中小企業投資育成株式会社とベンチャー・キャピタルの比較

	中小企業投資育成株式会社	ベンチャーキャピタル
投資対象	安定成長型の中堅・中小企業が中心	急成長・上場志向型のベンチャー企業が中心
投資資金	自己資金で投資	機関投資家等からの調達資金をもとにファンドで出資
保有方針	安定株主として長期保有	ファンド期限（3〜5年程度）に応じて保有
経営への関与	経営への自主性を尊重	議決権比率により異なる
出口戦略	株式上場は義務付けない	株式公開又はM＆A（実現できない場合買戻し条項あり）
期待する収入	安定的な配当	株式公開やM＆A等のキャピタルゲイン
株価算定方式	投資育成会社独自の株価算式	DCF法等の収益還元方式、売買実例、純資産株価など
利用ニーズ	株主構成の是正、安定株主の確保、経営承継の円滑化、資金調達、財務体質の強化など	資金調達、財務体質の強化、株式上場支援、人材紹介など

資料：東京中小企業投資育成株式会社ホームページ

て農林水産業ならびに食のバリューチェーン全体への広範な投資が可能となった。

(6) 個人投資家（エンジェル）

　ベンチャー・キャピタルからの投資を受けるにはまだ早すぎるようなスタートアップ（アーリーステージのベンチャー企業）への資金供給者として、「エンジェル」と呼ばれる個人投資家がいる。

　個人投資家によるスタートアップへの投資を促進するための優遇制度として、「エンジェル税制」がある〔図表6−15〕。スタートアップに対して個人投資家が投資を行った場合、投資時点と売却時点のいずれの場合でも税制上の優遇措置を受けることができる。

　2023年の法改正によって、従来の要件に加え一定の要件を満たす設立間もないスタートアップへの投資や、自己資金による起業について非課税措置の対象となった。エンジェル税制の優遇措置を受けるためには、個人投資家による資金の払込期日時点で、スタートアップおよび個人投資家ともに一定要件を満たす必要がある。

(7) 中小機構関連の投資ファンド

　独立行政法人中小企業基盤整備機構（中小機構）は、中小企業者に対する投資事業を行う民間機関などとともに投資ファンド（投資事業有限責任組合）を組成し、中小企業者へ

〔図表6-15〕エンジェル税制の概要

①投資時点						
措置の種類	控除対象	控除先	措置内容	控除上限額	設立年数	外部資本比率
起業特例	企業設立時の自己資金による出資額全額	その年の株式譲渡益から控除	非課税	上限なし（非課税となるのは20億円の出資までで、それを超える分は課税繰延）	1年未満	1/100以上
優遇措置A	（対象企業への投資額全額－2,000円）	その年の総所得金額から控除	課税繰延	総所得金額×40%と800万円のいずれか低い方	5年未満	1/6以上
優遇措置A-2						1/20以上
優遇措置B				上限なし	10年未満	1/6以上
プレシード・シード特例	対象企業への投資額全額	その年の株式譲渡益から控除	非課税	上限なし（非課税となるのは20億円の出資までで、それを超える分は課税繰延）	5年未満	1/20以上

②株式売却時点：譲渡損失の繰越控除
未上場スタートアップ株式の売却により生じた損失を、その年の他の株式譲渡益と通算（相殺）できるだけでなく、その年に通算（相殺）しきれなかった損失については、翌年以降3年にわたって、順次株式譲渡益と通算（相殺）ができる。 ※スタートアップが上場しないまま、破産、解散をして株式の価値がなくなった場合にも、同様に翌年以降3年にわたって損失の繰越ができる。 ※スタートアップへ投資した年に優遇措置を受けた場合には、その控除対象金額のうち、課税繰延分を取得価額から差し引いて売却損失を計算。

資料：経済産業省「エンジェル税制Webサイト」

　の資金調達の円滑化と踏み込んだ経営支援（ハンズオン支援）を通じて、ベンチャー企業や既存中小企業の新事業展開の促進または中小企業者の再生を支援。ファンドの運営（個別企業への投資）は各投資会社が行っている〔図表6-16〕。
　中小機構のファンド出資事業には、投資先となる企業に応じて以下の3種類がある。
① 起業支援ファンド
　創業または成長初期の段階にある中小企業者を支援
② 中小企業成長支援ファンド
　成長が見込まれる新事業展開を支援

〔図表6−16〕中小機構のファンド組成

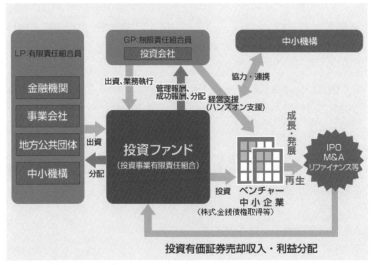

資料：中小機構ホームページ

③ 中小企業再生ファンド

　再生に取り組む中小企業者を支援

　中小機構ファンド出資事業における令和4年度の実績は、ファンド総額2,570億円、中小機構出資約束金額550億円となっている。

❻ ノンバンク融資

　一般に、預金による資金調達を行わずに貸出業務を行う金融業者をノンバンクといい、このノンバンクには、住宅金融専門会社、リース会社、ファイナンス会社などがある。

　ノンバンクローンは、担保や信用あるいは期間などの面で銀行では融資がむずかしい案件に対する融資が可能であるなど、銀行融資を補完する役割を果たしている。一方で預金による資金調達を行っていないことから、資金調達コストが総じて高くなり、その分、ローン金利も銀行ローンに比べて割高になるという側面もある。特定目的以外の場合、ノンバンク融資に多くを依存することは収益の圧迫要因となり、また、資金調達力に問題があるという見方にもつながりかねない。

第6章

(1) 事業者向け（商工）ローン

　ノンバンク融資を対象者によって分けると、消費者（個人）向けローンと事業者向け（商工）ローンがある。事業者向けローンの主な種類は次のとおりである。

① 無担保ローン

　担保を提供しなくても融資が受けられるローン。その分金利設定は高くなるが、審査期間が短く急な資金需要に対応可能である。ノンバンク系の事業者向けローンはこのタイプが多い。

② 不動産担保ローン

　企業等が所有している土地や建物を担保に融資を受けるタイプで、契約時に不動産に抵当権が設定される。このほか売掛債権、有価証券を担保とするものもある。

③ 保証人付ローン

　第三者の連帯保証人を付けて融資を受けるタイプ。

(2) リース

　企業が特定の機械や設備を必要とする場合に、その購入資金を金銭で融資するのではなく、当該機械設備等を購入して賃貸する商行為をリースという。借手は、リース物件から生じる経済的利益を享受する対価として、コスト総額に手数料を加えたものをリース料として支払う仕組みになっている。リース取引は、リース期間中の解約解除が原則認められないファイナンス・リースと、一定の要件のもとで中途解約が可能なオペレーティング・リースの2つに分類されるが、一般的に単にリースという場合は前者のファイナンス・リースを指すことが多い。

(3) ファクタリング

　ファクタリングとは、企業の持つ売掛債権を、ファクタリング会社へ手数料を支払って売却する資金調達方法である。これにより企業は期日前に資金を調達することが可能になる。また、このような買取型のほか、販売先の倒産等により売掛債権が回収不能になるリスクに備えて、売掛債権の決済保証をする保証ファクタリングや、海外取引向けに輸出代金の回収を保証する国際ファクタリングなどがある。

7 証券化

　証券化とは、オリジネーター（債権や資産を譲渡して資金調達する企業）が、まず保有する資産を媒介体である SPV（Special Purpose Vehicle）に売却し、それが証券の発行体になる形をとって、譲り受けた資産を裏づけに証券を発行することで、資本市場から資金調達を行うことである。

　SPV には、SPC（特定目的会社）や信託、匿名組合等があり、原資産から発生するキャッシュフローを途切れることなく投資家のもとへ還流させる機能を担う。

　つまり、従来の資金調達が、調達企業の信用力をコストに反映させていたのに対し、証券化商品は保有資産の信用力に基づいて資金調達を行うことになる。

　また、発行する証券の元利払いは、原則として、売却された資産のキャッシュフローのみを原資として行われるため、投資家は資金調達企業ではなく、証券化商品発行体である SPV の保有する資産に対して投資をすることになる。

（1）証券化のメリット

　証券化のメリットとしては以下の点が挙げられる。

① 資金調達手段の多様化

　原則として、保有資産を裏づけとした資金調達になるため、企業の信用力に頼らない資金調達手段を確保することができる。つまり、従来の銀行借入や社債発行といった資金調達以外の方法で資金調達が図れることになる。

② 資産のオフバランス効果

　資産をオフバランス化できる。従来の調達手段が、原則として負債の増加を伴うものであったのに対し、資産の証券化では、保有する資産を売却し、貸借対照表から外して資金を得るため、その資金で借入れを返済したり、資産をふくらませることなく事業の拡大を図ることができる。

　結果として、ROA（総資産利益率）や自己資本比率の向上、負債比率の引下げなどが可能になり、財務体質を改善するための有効な手段といえる。

③ 低コストの資金調達

　格付の比較的低い企業であっても、譲渡する資産の信用力が高い場合や、証券化の過程でさまざまな信用補完を行うことで発行証券が高い格付を得られた場合は、市場環境によっては、従来の調達手段よりも低いコストでの資金調達が可能になる。

〔図表6−17〕売掛債権信託の仕組み

(2) 売掛債権の証券化

　企業にとって最も一般的な債権である売掛債権の信託による証券化の仕組みを示すと次のとおりである〔図表6−17〕。

〈資金調達時〉

①　資金調達者であるＡ社は、Ｂ社（原債務者）に商品を販売し、売掛債権を取得

②　Ａ社（委託者）は、売掛債権を信託会社に信託

③　信託会社は、売掛債権を裏づけとする信託受益権を発行し、投資家に販売

④　投資家は受益権代金を信託会社に支払い、信託会社は当該資金を資金調達者であるＡ社に渡す

〈期中〉

⑤　資金調達者であるＡ社は事務委任契約に基づき、サービサーとしてＢ社から代金を回収し、信託会社に支払う

〈信託期間終了時〉

⑥　商品代金回収後、信託会社は信託報酬を控除し、投資家に元本・収益を分配。また、事務委任契約に基づき事務委任手数料をＡ社に支払う

(3) 商流の各段階に応じた資金調達

　金融機関が企業の商流の各段階に応じて企業活動に必要な資金を供給する「商流ファイナンス（サプライチェーン・ファイナンス）」が注目されている。商流とは、一般に商品の売買に伴う所有権、情報などの流れを指すが、これを企業における事業プロセスで捉え、企業内もしくは企業間の商流に基づき、企業活動に必要な資金を調達する手法である。仕入段階では在庫等の動産を担保にしたABL融資、納品後には売掛金担保融資やファクタリング、手形割引等が考えられる。売掛金を電子化した電子記録債権についても同様である〔図表6−18〕。

〔図表6−18〕 商流の各段階に応じたファイナンス

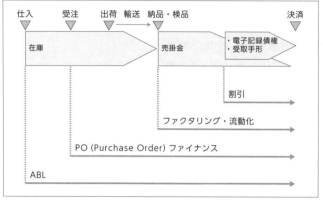

資料：日本銀行金融機構局金融高度化センター「商流ファイナンスに関するワークショップ報告書より」

⑧ 補助金・助成金

　経済活性化や雇用対策等を目的に、中小企業者等に対する補助金・助成金が拡充されている。多くの企業が利用している主なものとして、経済活性化対策の「事業再構築補助金」「ものづくり補助金」「持続化補助金」「IT導入補助金」、雇用対策の「キャリアアップ助成金」「人材開発支援助成金」等が挙げられる。

① 事業再構築補助金

　ポストコロナ・ウィズコロナ時代の経済社会の変化に対応するため、中小企業等の事業再構築を支援することで、中小企業等の付加価値向上や従業員の賃上げにつなげるとともに、日本経済の構造転換を促すことを目的とした補助金である。

② ものづくり・商業・サービス生産性向上促進補助金（ものづくり補助金）

　中小企業等が行う、革新的な製品・サービスの開発、生産プロセス等の省力化に必要な設備投資等を支援する補助金。申請類型には、省力化枠、製品・サービス高付加価値化枠、グローバル枠がある。補助上限額は類型と従業員数によって異なる。

③ 小規模事業者持続的発展支援補助金（持続化補助金）

　小規模事業者等が自ら経営計画を作成して取り組む販路開拓等の取組を支援する補助金。通常枠のほか、賃金引上げ枠、卒業枠、後継者支援枠、創業枠がある。またそれぞれにインボイス特例による補助上限額の上乗せもある。

④ サービス等生産性向上 IT 導入支援補助金（IT 導入補助金）

中小企業等の労働生産性の向上を目的として、業務効率化や DX の推進、サイバーセキュリティ対策、インボイス制度への対応等に向けた IT ツールの導入を支援する補助金。

⑤ 事業承継・引継ぎ支援補助金（事業承継・引継ぎ補助金）

事業承継・M&A・グループ化後の新たな取組（設備投資、販路開拓等）や、M&A時の専門家活用費用等を支援する補助金。経営革新枠のほか、専門家活用枠、廃業・再チャレンジ枠がある。

⑥ キャリアアップ助成金

非正規雇用労働者の企業内でのキャリアアップを促進するため、正社員化、処遇改善の取り組みを実施した事業主に対して助成金を支給する。

2023年10月から「年収の壁」対策として、新たに社会保険の加入要件を満たして適用される労働者を対象とする「社会保険適用時処遇改善コース」が新設された。

⑦ 人材開発支援助成金

雇用する労働者に対して、職務に関連した専門的な知識及び技能を習得させるための職業訓練等を計画に沿って実施した場合等に、訓練経費や訓練期間中の賃金の一部等を助成する制度。人材開発支援助成金には、「人材育成支援コース」のほか、「人への投資促進コース」「事業展開等リスキリング支援コース」等がある。

❾ 経営セーフティ共済（中小企業倒産防止共済）

経営セーフティ共済（中小企業倒産防止共済制度）は、取引先事業者の倒産の影響を受けて、中小企業が連鎖倒産や経営難に陥ることを防止するための共済制度である。中小企業倒産防止共済法に基づき、独立行政法人中小企業基盤整備機構が運営している〔図表6-19〕。

共済金の借入れが受けられる取引先の倒産には、法的整理のほか、取引停止処分、私的整理、災害による不渡り、特定非常災害による支払不能等がある。また、解約時には解約手当金が受け取ることが可能である。自己都合の場合は掛金を12か月以上納めていれば掛金総額の8割以上が戻り、40か月以上納めていれば、掛金全額が戻る。

〔図表6－19〕経営セーフティ共済の概要

項目		内容
加入要件		個人または中小企業者 企業組合、協業組合、事業協同組合、事業協同小組合、商工組合
掛金		掛金月額は、5,000円から20万円までの範囲（5,000円単位）で自由に選択でき、掛金総額が800万円になるまで積立てができる。
税法上の扱い		法人の場合は損金、個人の場合は必要経費に算入できる。 1年以内の前納掛金も払い込んだ期の損金または必要経費に算入できる。
共済金		取引先事業者が倒産したことにより売掛金債権等の回収が困難となった場合に、共済金の借入れが受けられる。
借入条件	借入限度額	共済金の借入れは、取引先事業者の倒産で回収困難となった売掛金債権と前渡金返還請求権の額と、掛金総額の10倍に相当する額のいずれか少ない額の範囲内で請求することができる。 原則、50万円から8,000万円で5万円単位の額
	返済期間	借入額に応じて5 ～ 7年（据置期間6カ月を含む）
	借入利率	無利子。ただし、借入れを受けた場合、共済金の貸付額の10分の1に相当する額が払い込んだ掛金から控除される。
	担保・保証人	不要
一時貸付金		取引先事業者が倒産していなくても、共済契約者の方が臨時に事業資金を必要とする場合に、解約手当金の95％を上限として貸付が受けられる。

❿ FinTech による資金調達の多様化

（1）データレンディング

　データレンディングとは、会計データや金融機関の預金口座取引情報等を基に、短期・小口の融資を迅速に行うサービスのことである。データ連携可能な会計ソフト等の普及による中小企業の会計データの見える化や、口座取引情報等の企業の活動情報を分析可能なAI等の新たな技術により、決算書情報のみに依存しない融資が可能となった。

（2）トランザクションレンディング

　トランザクションレンディングとは、売買や資金決済、顧客評価などの取引履歴（トランザクション）などのさまざまなデータを収集して、信用力を判定し、融資条件を決定する枠組みである。
　とりわけ、EC サイト事業者は、出店企業に対して商流（取引）データを基に無担保・

無保証で融資を行うサービスを提供している。

(3) クラウドファンディング

　クラウドファンディングは、インターネットを介して不特定多数の人から資金（支援金）を集める方法で、日本では2011年に「READYFOR（レディーフォー）」が初めてサービスを開始し、その後多くの事業者が参入して普及してきた。クラウドファンディングの類型は大きく分けて、①寄付型、②購入型、③融資（貸付）型、④投資型の4種類がある。

　金融商品取引法等の関係もあり、当初は購入型や寄付型が中心であったが、2015年に金融商品取引法などの改正が施行されたことから、未上場企業の資金調達を目的に「投資型クラウドファンディング」が登場した。広義の投資型クラウドファンディングには、株式投資型、ファンド型のほかに融資型も含まれる。

① 寄付型クラウドファンディング

　寄付型クラウドファンディングは、支援者がプロジェクトに対してお金を寄付する仕組みである。社会課題への取り組みや環境・文化保全等、社会貢献性の高いプロジェクトに適している。基本的に支援者は見返りを求めず、支援を受けた事業者はお礼メールやニュースレター等で支援者にプロジェクトの状況を報告する。

② 購入型クラウドファンディング

　購入型クラウドファンディングは、支援者がプロジェクトに対して資金を提供し、その見返り（リターン）としてサービスやモノを得る仕組みである。購入型には「All-or-Nothing方式」と「All-In方式」の2種類があり、前者は目標金額を達成しなければ調達資金は0であるのに対して、後者は1人でも支援者がいればその分の資金は調達できる方式である。

　購入型は、単なる資金調達の手段としてだけでなく、新事業や新商品のテストマーケティングとしても有効であり、中小企業だけでなく大企業による活用も多い。

③ 融資（貸付）型クラウドファンディング（ソーシャルレンディング）

　融資（貸付）型クラウドファンディングは、投資家（支援者）と資金を借りたい企業をインターネット上でマッチングさせるサービスで、ソーシャルレンディングと呼ばれることもある。クラウドファンディング事業者は、金融商品取引法上の業者登録をしており、多くの個人投資家から集めた資金をもとに、一定の審査を通過した企業にファンドを組成して融資する。投資家は小口資金から投資することが可能であり、一定期間後には利息と元金を受け取れる。金融機関からの融資を受けにくいスタートアップ企業や、新規事業の立ち上げ、収益不動産事業などの資金調達に利用されることが多い。

〔図表6−20〕クラウドファンディングの類型比較

類型	寄付型	購入型	融資（貸付）型	投資型
資金提供先	被災地・途上国や社会課題解決に取り組む個人・事業主・法人等	新製品開発、音楽・ゲーム・映像等のコンテンツ事業等を行う事業主・法人等	新規事業や不動産事業等で資金を借入したい事業主・法人等	株式投資型はスタートアップ等の未上場企業、ファンド型は価値ある事業やサービスのプロジェクト等
1口当たりの額	1円程度〜	1000円程度〜	1万円程度〜	1万円程度〜
対価	なし	商品・サービス	利息・元金返済	配当・売却益
主なポータルサイト	READYFOR、CAMPFIRE、Good Morning、For Good	CAMPFIRE、Makuake、READYFOR、Kibidango、Motion Gallery、GREENFUNDING	クラウドバンク、Funds、オルタナバンク、CRE Funding	FUNDINNO、イークラウド、CFスタートアップス、ユニコーン

※購入型と寄付型の両方を扱うポータルサイトも多い。

④ 投資型クラウドファンディング

　投資型クラウドファンディングには、株式投資型とファンド型がある。株式投資型は未上場企業の発行する株式に投資し、出資額に応じて配当金や売却益も期待できる。ファンド型は企業ではなく特定のプロジェクトに対して投資し、プロジェクトの成果に応じて配当や、その成果物である商品やサービスを受け取る。いずれも少額から投資できるため、企業にとっても多くの人から小口資金を集めやすいというメリットがある。

　日本証券業協会のデータによれば、株式投資型クラウドファンディングを扱う会員企業の実績（2017年〜23年）は、取扱件数475件のうち342件が成立し（成功率72%）、発行価額の総額は約102億円となっている。

⑪ SDGs 関連

　中小企業の資金調達において、SDGs（持続可能な開発目標：Sustainable Development Goals）の重要性が高まっている。環境省は全国の金融機関に対して、地域ESG金融の促進を図っており、多くの金融機関がSDGsに取り組む企業に有利な金融商品（SDGs私募債、SDGs保証など）を提供している。これらの債券は、「サステナビリティ債券」「SDGs債」「環境債」「グリーン債」等と呼ばれることがある。

従来、投資は「リスク」と「リターン」という2つの軸により価値判断が下されてきた。近年、これに「インパクト」という第3の軸を取り入れた投資、すなわち、事業や活動の成果として生じる社会的・環境的な変化や効果を把握し、社会的なリターンと財務的なリターンの双方を両立させることを意図したインパクト投資が拡大している。

⑫ その他最新のトレンド

「経済財政運営と改革の基本方針2023」(令和5年6月16日閣議決定。以下「骨太方針2023」という。)等を踏まえ、政府は経営者保証等に依存しない事業性に着目した融資の推進を図っている。

経営者保証については、2023年4月から、保証を求める場合には必要性や解除要件の説明・記録を金融機関に義務付けた。これにより、実質的に経営者保証の徴求が制限されるようになり、経営者保証なしの融資が増加している。

他方で、成長資金の提供への利活用が期待される「事業成長担保権」を始めとした事業全体を担保とする制度について、積極的に検討を進めている。事業成長担保権は、有形無形を問わず事業価値全体に設定できるものであり、知的財産権やのれん、将来CF等も含まれる。事業成長担保権は、スタートアップや事業の成長段階、事業承継・企業再生等の局面にある企業への新たな資金調達方法となり得るものであり、今後の法整備等が注目されている。

実務上のポイント

- 手形借入とは、金融機関あての約束手形を振り出して融資を受ける方法である。
- 証書借入とは、金銭消費貸借契約証書を差し入れて融資を受ける方法である。
- ABLとは、企業の保有する売掛債権や在庫、機械設備等の動産を担保として資金調達する方法である。
- 少人数私募債は、親族、知人、取引先などの縁故者(50人未満)を対象として、企業が社債を発行して資金を調達する方法である。

第 7 章

提案書の作成

（1）提案書の作成手順

　一般的な提案書の作成の流れは以下のとおりである。

①　ヒアリング

　提案書を作成するうえで最も重要な作業がヒアリングである。ここでは、相談者のニーズを確実につかむ必要がある。またこの段階で、顧客にいかに信頼してもらえるかにより、提案に必要な情報を聞き出すことができるかどうかが決まる。

　ヒアリングのテクニックとして、ヒアリングする側があまり専門的、技術的なことを話し過ぎないように注意し、顧客の側から重要な情報を話してもらえるように心がけることが大切である。また、ヒアリングの段階で、提案内容を頭の中で組み立てるようにすると重要なポイントを聞き逃さないようになる。最後に、提案書の作成に必要な資料を揃えてもらうように顧客に依頼する。

②　資料収集

　ヒアリングの次は資料収集である。ここでは、提案書を作成するうえで必要な資料を収集する。この場合、顧客が所有している資料を提出してもらうことで済む場合と、新たに取り寄せなければならない場合とがある。新たに資料を取り寄せる必要がある場合、自分で収集するのか顧客に収集してもらうのかをヒアリングの段階で決めておく必要がある。また、資料によっては、本人が申請しないと入手できないものがあるため、その点も考慮して役割分担を行う。

③　提案書の作成

　資料が収集できれば、いよいよ提案書の作成である。提案書は、誰が見ても理解できるように前提条件を明記しておく。また、ヒアリングによって得られた情報を使っている部分は、なるべくそれを前提条件の中に明記しておくとヒアリング時の聞き間違い等の発見につながる。

　シミュレーション部分を含めて、パソコンなどを使うことにより早くて正確な提案書を作成することができる。

④　報告

　顧客に提案書を示し、説明を行う。資料をもらってから報告をするまでの期間は、できるだけ短いほうがよい。説明は、ポイントを絞って簡潔に行う。もし、提案内容が複雑な場合は、重要なポイントだけを説明し、顧客に一読しておいてもらうようにする。そして数日後、顧客が一通り提案書に目を通したところでもう一度説明を行うというのも一つの方法である。

(2) 提案書の構成

　提案書の作成については、顧客の理解度に合わせて読みやすいものとすると同時に、顧客の理解を深めるために図表を併用することを心がけたい。提案の内容についても、顧客が実行できるよう、顧客の志向やニーズに合致したものが望ましい。1つのプランでは顧客のニーズに合致しないか、実行が難しいと思われる場合は、複数のプランを提示する配慮も必要であろう。

　また、提案したプランが実行できるよう、その方法についても具体的に記載しておく。たとえば、各種金融商品の販売窓口、他の専門家の連絡先、代理・随行のスケジュールなどである。さらに提案したプランの前提が変更になる場合、たとえば家族構成、金融・経済情勢、ライフプランなどが変化した場合に見直しが必要になる。その場合の見直しのポイントなどについても言及しておくとよいだろう。

(3) 提案書作成のポイント

① 表紙
　宛名、タイトル、プラン作成担当者の名前を記載する。
② 目次
　項目とページ数を記載する。
③ 前書き
　提案の目的、作成日を記載し、署名する。
④ プロフィールおよび前提条件
　a. 家族構成は名前、続柄、生年月日、年齢を記載する。
　b. 現在の収入・支出、今後の収入・支出を記載する。
　　収入は可処分所得を計算する。
　c. 加入している生命保険、損害保険、共済等を記載する。
　d. 保有する金融資産を記載する。
　　住宅ローン等がある場合、借入金の情報も記載する。
⑤ ご相談の内容（プラン作成にあたっての希望）
　ライフプラン別または年代別に整理して、記載してもよい。
⑥ ライフイベント表
　家族の年齢、イベントを時系列で記載する。
⑦ 対策前のキャッシュフロー表

⑧ 現状分析と問題点〈着眼点〉

　ａ．キャッシュフロー分析

　　● 貯蓄残高がマイナスに転じることはないかを確認する。

　　● 継続的（慢性的）赤字になる場合はその原因を分析する（単年度のライフイベントによる赤字よりも大きな問題）。

　ｂ．資産・負債分析

　　● 金融資産の流動性、安全性、収益性のバランスを分析する。

　　● 資産と負債のバランスを分析する。

　ｃ．保障分析

　　● 必要保障額を試算し、保障期間、保障額に不足はないかまたは過剰保障になっていないかを分析する。

⑨ 問題点に対する解決策〈着眼点〉

　ａ．住宅資金

　　● 住宅購入の際の頭金をいくらにするかを提案する。

　　● 住宅ローンの見直しを提案する。

　　　変動金利ローン、固定金利選択型ローンの場合、金利上昇時の対応等を提案する。

　　● 退職時までに住宅ローンを完済できるように提案する。

　　　お客様または配偶者様が何歳に達するまで働くことを想定しているかを確認する。

　　● 金利負担を軽減するための方法を提案する。

　　　住宅ローンの繰上げ返済を提案する場合、「いつからいくら繰上げ返済するか」というアクションプラン、「期間短縮効果、利息軽減効果」というパフォーマンスを記載する。利息軽減効果だけではく、顧客のライフプランから見て、繰上げ返済をすることのメリット、デメリット、注意点、繰上げ返済に充てることができる資金を返済せず運用（新 NISA 等）する代替策との比較分析をする。また、住宅ローン借換えによる利息軽減効果を提案する場合は、わずかな金利差での借換えは諸費用の負担でかえって負担増につながる可能性を説明する。他の注意点として、変動金利に借り換えることによる将来的な金利上昇リスク等の説明は必要である。

　　● 住宅ローン控除による税額軽減効果を提案する。

　　　適用要件、控除額、控除期間を説明する。

　ｂ．生命保険の見直し

　　● 必要保障額が過剰の場合、どの保険（共済）を削減するかまたは保障額をいくらにするかを提案する。

保障額を削減した場合、保険料はいくらに軽減されるかを説明する。
- 必要保障額が不足する場合、保険（共済）を提案する。

  保険（共済）の保障内容と保険料等を説明する。

  家族各個人（主に世帯主）の死亡保障、医療保障について検証し、必要があれば提案する。

c．損害保険の見直し
- 火災保険、地震保険

  ハザードマップを確認して、居住地での自然災害が発生する可能性の確認をする。

  お客様が必要と考える補償が付保されているか、過剰な特約、または内容が重複している契約がないかを確認する。また、地震保険の補償内容を説明し、地震保険の検討する機会を提供する。

- 自動車保険

  現在の自動車保険の補償内容を説明し、顧客に契約の見直しを検討する機会を提供する。

d．老後資金の確保
- 労働形態等によって利用できる制度を整理し、提案をする。

  会社員：財形年金貯蓄、企業型確定拠年金のマッチング拠出、iDeCo 等

  自営業者：iDeCo、国民年金基金、小規模企業共済等

  各種制度の利用条件、税務上の扱い、受取り方法、加入後の注意点を説明する。

- 株式・預金・保険（共済）等を提案する。

  商品の概要を説明し、試算書を提供する。

- 年金の受取り方法や定年後も長く働くことを提案する。

  年金の繰下げ支給の注意点、長く働くことのメリット（社会保障・収入の確保）等を説明する。

e．教育資金設計
- お客様のお子さまの進学プランをヒアリングする。

  具体的に進学したい学校が決まっていれば、その学費をもとに試算する。具体的なプランがない場合には統計値を用いて説明する。

- 教育資金準備のために利用ができる商品の制度を説明する。

  ローリスク商品：こども（学資）保険、個人向け国債、低解約返戻型終身保険等

  投資信託の積立：つみたて NISA、新 NISA のつみたて投資枠

  積立可能額、進学に必要な資金等から目標利率を設定する。目標資金から必要とな

る積立金額を説明する。進学に必要な資金が不足する場合に利用できる制度（国の教育ローン、日本学生支援機構の奨学金制度）について説明する。

f．資産運用

- 資産運用経験や今後の運用意向を確認し、その考えに適した資産形成の方法を提案する。

〈例〉

円安の進行によるインフレ対策手段として外国資産での運用。

経済成長と人口増加が見込まれる国・地域の株式投資信託の定期的な積立での運用。

g．ライフイベントの見直し

車の買い替えタイミングの見直しを提案する。

h．固定費、サブスクリプション費用の見直し

提案は可能な限り、数値を挙げて具体的に提案し、メリットのみでなく、デメリット、リスク、注意点も丁寧に説明し、顧客が十分に検討することができる材料を提供する。

⑩ 解決策導入後のキャッシュフロー表（改善提案が多い項目）

a．住宅ローン

FP として、最もよいと考える住宅ローンプランを利用した場合を反映する。複数のプランを提案したい場合は、プランごとのキャッシュフロー表を作成する。住宅ローン控除の控除額は、収入または可処分所得に反映する。繰上げ返済を提案する場合、繰上げ返済する金額とその利息軽減効果を反映する。

b．教育資金

進学予定の教育資金を支出欄に反映する。教育費の上昇率は生活費よりも大きくなる傾向がある。教育資金準備で提案した商品があれば反映する。

c．生命保険

提案した商品があれば反映する。

d．損害保険

提案した商品があれば反映する。

e．老後資金準備

準備に当てる資金を「支出」、老後の収入部分を「収入」として反映する。

f．資産運用

提案した運用プランからリスク・リターンの程度から適切な利率を設定する。

g．働く期間を増やす

労働による収入（予想可処分所得）を反映する。

h．ライフイベントの見直し

車の買い替えのタイミング、旅行の頻度等の見直し等に合わせて反映する。

⑪　プラン実行により得られる効果

問題点に対する解決策により得られる効果を数値で説明する。

〈例〉

- 住宅ローンの繰上げ返済により、返済期間が●年短縮され、利息負担が●万円減少した。
- 保障を見直すことにより、年間保険料は●万円減少した。
- 配偶者の●年間にわたる●万円の労働収入の確保により、老後資金を○○万円確保できた。
- 投資信託積立を実行することにより、資産全体の利回りを0～2％の運用想定にすることで、金融資産残高が○歳までマイナスにならないように改善された。

⑫　終わりに

提案において、最も重視したことや今後の注意点を記載する。プラン実行において、税金や法律関係について各専門家に確認するなどの注意事項を記載する。今後のフォロー体制について記載する。

⑬　添付資料

- 対策前のキャッシュフロー表
- 対策後のキャッシュフロー表
- 各種シミュレーション結果を添付する（提案の各所に盛り込んでもよい）。

⑭　提案書作成チェックシート

表紙	□タイトル・宛名・プラン作成担当者の氏名を記載しましたか。
目次	□各項目にページ数を記載しましたか。
前書き	□提案の目的、作成日を記載し、署名しましたか。
現状把握	□家族構成（名前・年齢・生年月日・属性） □現在の収入・支出 □将来の収入・支出 □資産・負債 □保障・補償 について書きましたか。
顧客の希望・目標	□顧客の希望・目標を書きましたか。
現状分析	□ライフイベント表は○○様が○歳になるまで作成しましたか。 □現状のキャッシュフローは○○様が○歳になるまで作成しましたか。 □収入は可処分所得（手取金額）を計上しましたか（特に給与収入・退職金）。

	□キャッシュフロー表に計上すべき項目に漏れはありませんか。 （住宅維持費、自動車の買い替え・レジャー費・結婚資金援助等） □キャッシュフロー表の変動率の設定忘れや間違いはありませんか。 （給与収入、基本生活費、教育資金等） □資産・負債分析はしましたか。 □必要となる保障額についての試算はしましたか。 □現状の収支、資産・負債、保障・補償等の問題点を挙げましたか。
対策の提示	□現状の問題点として挙げた項目について 　解決・改善する提案をしましたか。 □数値を挙げるなど具体的ですか。 　抽象的な漠然とした提案になっていませんか。 □その提案について、メリット・デメリットは提示しましたか。 　メリットだけの提示になっていませんか。 　（例）医療保険の提案 　　　　保険期間、保障内容、保険料（月額・年額）、払込期間、メリット、デ 　　　　メリット、リスク、注意点など 　　　住宅ローンの選択 　　　　選択する住宅ローンの種類とその理由、メリット・デメリット 　　　資産運用 　　　　提案する運用方法・制度（預金、債券、投資信託、外貨など）とその 　　　　理由、メリット・デメリット □FPとして求められる提案になっていますか。 　（資産運用、住宅ローンの選択・繰上げ返済、保障の見直しなど） □節約や働くことが中心の提案になっていませんか。
期待される効果の分析	□対策後のキャッシュフロー表を作成しましたか。 □具体的な提案について、キャッシュフロー表に反映しましたか。 □対策前と具体的に変わった部分を明示しましたか。 □○歳時点で、顧客が希望する貯蓄残高（○万円）は確保できていますか。 □対策後の改善効果を明示しましたか。
後書き	□FPとしての意見、実行の注意点について書きましたか。 □今後のフォロー体制についてのメッセージを書きましたか。

（4）提案書作成例

田中家のライフプランのご提案

ファイナンシャル・プランナー

山田花代

目次

○○、○○

1．プラン作成にあたって

　このたびは、ライフプランニングのご依頼をいただき、ありがとうございます。田中様の現在の収支状況、将来の収支、資産・負債、保障並びに今後のライフプランのご意向についてお話しを伺い、ファイナンシャル・プランナーとして仕事ができる喜びと責任の大きさをあらためて感じている次第です。

　昨今のエネルギー価格の上昇、円安等の影響を受けた40年ぶりの物価上昇を受け、長い間、インフレを経験していなかった私たちの生活は大きな見直しを迫られています。物価上昇を上回る給与や年金の上昇は見込みにくく、節約や無駄の見直しを中心とした家計の見直しだけでは、今後の家計の改善の見通しが立ちにくくなっている家庭も多く見られる状況となっています。

　その一方で、iDeCoや新NISAなどを利用した資産形成に取り組む人を応援する制度が拡充されており、積極的にこれらの制度を活用する人にとっては追い風が吹いている状況ともいえます。

　インフレ、少子高齢化、世界との賃金や物価の格差拡大等、厳しい経済情勢下において、田中様の将来に対する不安や悩みを少しでも改善、解決するべく、田中様からいただいたご家族の情報から現状の問題点を分析し、ライフプラン上の目標を踏まえて、最もよいと考えられるライフプランのご提案書を作成いたしました。

第7章

　このご提案が田中様の人生に大いに役立つことを望みつつ、今後も末永いお付き合いをさせていただければと考えております。
　プランに関してご意見・ご希望等、ご相談ください。

○○○○年○月○日

　　　　　　　　　　プラン作成担当者：ファイナンシャル・プランナー　山田花代

２．田中様ご一家のプロフィールおよび前提条件

　先日確認させていただきましたご家族の状況と、田中様の家計や資産状況を以下にまとめました。これらはプランを作成するうえでの前提条件となっておりますので、間違っている点がないかどうか再度ご確認ください。もし間違っているところがありましたら、すぐに作成し直しますので、ご指摘いただければ幸いです。

２−１　家族構成（○○○○年12月31日時点）
　田中　一郎様　夫（XXXX 年 XX 月 XX 日生）　　38歳　会社員
　　　　純子様　妻（XXXX 年 XX 月 XX 日生）　　35歳　会社員

２−２　現在の収入

氏名	年間収入	可処分所得	変動率
一郎様	600万円	460万円	55歳まで年1％上昇。60歳まで据置。その後は6割。
純子様	360万円	284万円	55歳まで年1％上昇。60歳まで据置。その後は6割。

２−３　今後の収入

項目	収入の時期・金額
一郎様の退職金	定年（65歳）時　2,500万円（税込）予定 手取額2,493万円[※1]
純子様の退職金	定年（65歳）時　2,000万円（税込）予定 手取額2,000万円

公的年金	一郎様 ：XXXX 年 4 月入社（厚生年金） 老齢基礎年金、老齢厚生年金ともに65歳より受取り開始。 純子様 ：XXXX 年 4 月入社（厚生年金） 老齢基礎年金、老齢厚生年金ともに65歳より受取り開始。

（※ 1 ）｛2,500万円－（40万円×20年＋70万円×23年）｝× $\frac{1}{2}$ ＝45万円

所得税＝45万円× 5 ％×1.021[※2]≒2.3万円
住民税＝45万円×10％＝4.5万円
2,500万円－2.3万円－4.5万円＝2,493.2万円

（※ 2 ）復興特別所得税は2037年までですが、延長される想定で試算しています。

2 － 4 　現在の支出（本年の実績、旅行の費用を除く）

項目	年間必要資金	備考
基本生活費	180万円	こども誕生後は年間36万円増える想定
住居費	120万円	家賃（家財の補償、借家人賠償責任保険料を含む）
生命保険料	14万円	
損害保険料	5 万円	
その他支出・レジャー費	72万円	夫婦の小遣い
合計	391万円	

2 － 5 　今後の支出

項目	年間必要資金
マイカー買換え	2027年から 6 年ごと250万円（現在価値） 今後年 1 ％の上昇見込み
国内旅行	毎年30万円（現在価値） 今後年 1 ％の上昇見込み
海外旅行	2025年から 5 年ごと60万円（現在価値） 今後年 2 ％の上昇見込み
出産費用	2027年に50万円
こども教育費	幼稚園は私立、小学校、中学校は公立 高校は私立、大学は私立文系を想定 下記の教育資金（現在価値）につき年 3 ％の上昇見込み

〈参考：教育資金〉

項目	入学金	年間授業料
幼稚園	6 万円	31万円
小学校	－	35万円

中学	－	54万円
高校	19万円	106万円
大学	25万円	123万円

2－6　加入している生命保険、医療保険

保険会社	ABC 生命	XYZ 生命
種類	収入保障保険	収入保障保険
契約者	一郎様	純子様
被保険者	一郎様	純子様
受取人	純子様	一郎様
契約日	XXXX 年 X 月	XXXX 年 X 月
保険金	年金月額　20万円 65歳に達するまで	年金月額　15万円 65歳に達するまで
保険料	月払い　7,600円	月払い　3,800円

2－7　加入している損害保険

保険会社	DEF 損保	VWX 損保
種類	自動車保険	家財保険
補償内容	対人賠償：無制限 対物賠償：無制限 人身傷害補償保険5,000万円 車両保険：一般条件　免責ゼロ	家財の補償 借家人賠償責任の補償
保険料	年払い　50,000円	年払い　1 年更新 （家賃に含んで記載）

2－8　金融資産

商品名	現在価値
普通預金	500万円
定期預金	500万円
財形住宅貯蓄	300万円
外貨預金	200万円
合計	1,500万円

3．プラン作成にあたってのご希望

　プラン作成にあたっての田中様のご希望は以下のとおりです。再度ご確認いただければと思います。

3−1　都市中心部にマンションを購入するか賃貸のまま生活をするか悩んでいる。

　マンションを購入する場合、2026年に都市中心部に分譲マンションを購入し、無理のない範囲内で住宅ローンを組みたい。都市中心部での購入が厳しいようであれば、郊外の物件も検討する。間取りは3LDKが希望。購入するにあたり、考え方やメリット・デメリットについてアドバイスがほしい。

〈希望の条件〉

- 新築分譲マンション（70m²・3LDK・省エネ基準適合住宅）
- 購入価格　4,800万円、諸費用300万円
- 維持費　年間40万円（管理費、修繕積立金、固定資産税等）
- 両親からの資金援助はない。
- フラット35を検討している。

3−2　こどもの教育資金等についてアドバイスがほしい。

　2027年に出産予定であるため、こどもの教育資金の準備についてアドバイスがほしい。

3−3　生命保険の見直しについて

　生命保険はこのままでよいのか。医療保険は必要なのかについてアドバイスがほしい。

3−4　損害保険の見直しについて

　住宅を購入した後の損害保険、自動車保険の補償についてアドバイスがほしい。

3−5　老後資金の確保について

　一郎様65歳の定年時に住宅ローン返済を終えたうえで、老後資金として4,000万円を準備しておきたい（妻純子さんの退職金2,000万円は別途）。具体的な対策方法のアドバイスがほしい。

4．田中家のライフイベント表とキャッシュフロー表

　田中様ご一家の今後の主なイベントをライフイベント表にまとめ、ライフイベント表に基づき、キャッシュフロー表を作成いたしました。

4－1 〈ライフイベント表〉〔図表7－1〕

　年末時点での年齢を記載しております。

4－2 〈対策前のキャッシュフロー表〉〔図表7－2〕

　│収入│

①一郎様、純子様の給与収入は55歳まで1％上昇、55歳以降60歳までは据置、その後は60歳時の給与収入の6割としています。

②退職金は、税引後金額を記載しています。

③2027年は純子さんが出産を予定しているため、給与収入は計上していません。代わりに、出産手当金と育児休業給付金として167万円、出産育児一時金として50万円の合計217万円を計上しています。

　│支出│

①基本生活費は物価上昇率2％を前提としています。

②住宅費は2024年まで賃貸住まい（損害保険料、管理費等含む）、2025年以降は住宅ローン返済金額（団体信用保険料込み）を計上しています。

フラット35
利用者：一郎さん
借入金額　：4,000万円
融資利率　：当初5年間1.25％、6年目以降2.0％（団体信用生命保険料込）
（子育てプラス、フラット35S 金利Bプラン、維持保全基準により当初5年間0.75％引下げ）
返済期間　：35年
毎月返済額：当初5年間、約11.7万円（年額約140万円）
　6年目以降　約13.0万円（年額約157万円）
借入金残高：一郎さん60歳時　1,910万円　65歳時　1,289万円

---

③住宅関連費（40万円）は、管理費、修繕積立金、固定資産税を含みます。管理費や修繕積立金不足を想定し、10年ごとに10％上昇することを想定しています。

④保険料は生命保険料、自動車保険料、2026年1月以降は火災保険および地震保険料を含

〔図表7-1〕ライフイベント表

年	ご家族の年齢			ライフイベント						
	一郎様	純子様	お子様	一郎様	純子様	お子様	国内旅行	海外旅行	自動車の買い替え	その他
2024	38	35					○			
2025	39	36					○	○		
2026	40	37					○			マイホーム購入
2027	41	38	0			誕生	○		○	
2028	42	39	1				○			
2029	43	40	2				○			
2030	44	41	3				○	○		
2031	45	42	4			幼稚園	○			
2032	46	43	5				○			
2033	47	44	6				○		○	
2034	48	45	7			小学校	○			
2035	49	46	8				○	○		
2036	50	47	9				○			
2037	51	48	10				○			
2038	52	49	11				○			
2039	53	50	12				○		○	
2040	54	51	13			中学校	○	○		
2041	55	52	14				○			
2042	56	53	15				○			
2043	57	54	16			高校	○			
2044	58	55	17				○			
2045	59	56	18				○	○	○	
2046	60	57	19			大学	○			
2047	61	58	20				○			
2048	62	59	21				○			
2049	63	60	22				○			
2050	64	61	23			社会人	○	○		
2051	65	62	24	退職			○		○	

〔図表7-2〕対策前のキャッシュフロー表

西暦	変動率	2024	2025	2026	2027	2028	2029	2030	2031	2032	2033	2034	2035
一郎様		38	39	40	41	42	43	44	45	46	47	48	49
純子様		35	36	37	38	39	40	41	42	43	44	45	46
お子様					0	1	2	3	4	5	6	7	8
収入													
一郎様の給与収入	1%	460	465	469	474	479	483	488	493	498	503	508	513
純子様の給与収入	1%	284	287	290	0	296	298	301	304	308	311	314	317
住宅ローン控除				27	27	26	25	25	24	23	23	22	22
児童手当					14	18	18	14	12	12	12	12	12
その他					217	← （出産育児一時金、出産手当金、育児休業給付）							
収入計		744	751	786	732	818	825	828	834	841	849	856	864
支出					↓ （こども出産で月3万円増）								
基本生活費	2%	180	184	187	227.74	232	237	242	247	251	256	262	267
家賃、住宅ローン	－	120	120	141	141	141	141	141	157	157	157	157	157
住宅諸経費	5年ごと10%			40	40	40	40	40	40	40	40	40	40
保険料	－	19	19	24	24	24	24	24	24	24	24	24	24
教育資金	3%			↑ （火災保険、地震保険加入）					46	39	40	47	48
国内旅行	1%	30	30	31	31	31	32	32	32	32	33	33	33
海外旅行	2%		61					68					75
車両関連費	1%				260						276		
出産費用					50								
住宅一時金	－			1,100	← （頭金）								
その他支出	1%	72	73	73	74	75	76	76	77	78	79	80	80
支出計		421	487	1,596	848	543	549	623	622	622	905	642	724
年間収支		323	265	−810	−116	275	276	206	212	219	−57	214	139
年運用利益	0.5%		8	9	5	4	6	7	8	9	10	10	11
金融資産残高		1,500	1,772	971	859	1,139	1,420	1,634	1,854	2,082	2,036	2,261	2,411
住宅ローン残高				3,908	3,815	3,721	3,626	3,530	3,443	3,355	3,264	3,172	3,078
金融資産－ローン		1,500	1,772	−2,937	−2,956	−2,582	−2,206	−1,896	−1,589	−1,273	−1,228	−911	−667

(単位：万円)

2036	2037	2038	2039	2040	2041	2042	2043	2044	2045	2046	2047	2048	2049	2050	2051
50	51	52	53	54	55	56	57	58	59	60	61	62	63	64	65
47	48	49	50	51	52	53	54	55	56	57	58	59	60	61	62
9	10	11	12	13	14	15	16	17	18	19	20	21	22	23	24
						↓（横ばいに）					↓（6割に減少）				
518	524	529	534	539	545	545	545	545	545	545	327	327	327	327	327
320	323	326	330	333	336	340	343	347	347	347	347	347	347	208	208
21	20	19							↑（横ばいに）					↑（6割に減少）	
12	12	12	12	12	12	3									
													（退職金）→		2,493
871	879	887	876	884	893	887	888	891	891	891	673	673	673	535	3,028
												（お子様の独立）↓			
272	278	283	289	295	300	307	313	319	325	332	338	345	352	322	329
157	157	157	157	157	157	157	157	157	157	157	157	157	157	157	157
44	44	44	44	44	44	44	44	44	44	48	48	48	48	48	48
24	24	24	24	24	24	24	24	24	24	24	24	24	24	24	24
50	51	53	55	87	89	92	219	191	197	284	243	250	258		
34	34	34	35	35	36	36	36	37	37	37	38	38	38	39	39
				82					91					100	
			293						311						330
81	82	83	84	84	85	86	87	88	89	90	91	91	92	93	94
662	670	678	979	808	735	745	880	859	1,275	971	938	954	969	784	1,022
210	209	209	−104	77	158	143	8	32	−383	−80	−265	−280	−296	−249	2,006
12	13	14	15	15	15	16	17	17	17	16	15	14	13	11	10
2,633	2,856	3,079	2,990	3,082	3,256	3,414	3,440	3,489	3,123	3,059	2,809	2,543	2,260	2,022	4,038
2,982	2,885	2,785	2,683	2,579	2,473	2,365	2,255	2,142	2,028	1,910	1,791	1,670	1,545	1,418	1,289
−349	−29	294	307	503	783	1,049	1,185	1,347	1,095	1,149	1,018	873	715	604	2,749

第7章

みます。

⑤教育資金は物価上昇率 3 ％を前提としています。

⑥国内旅行（毎年）は年 1 ％、海外旅行（ 5 年ごと）は年 2 ％の物価上昇率を見込んで計上しています。

⑦車両関連費は物価上昇率 1 ％を前提としています。車検費、自賠責保険などは基本生活費から支出するものとします。

⑧住宅一時金は購入時に1,100万円（頭金800万円、諸経費300万円）を計上しています。（財形住宅貯蓄、定期預金を中心に手当てします）

⑨その他支出は小遣い等として年72万円を計上し、 1 ％の物価上昇率を考慮しています。

⑩年運用利益は年運用利率を0.5％と想定しています。

5．現状分析と問題点

作成いたしましたキャッシュフロー表などから以下の問題点を抽出いたしました。

5－1 収入・支出の問題点

● マイホーム購入年の2026年、純子様出産予定の2027年の年間収支が赤字となっています。

● お子様が高校に進学した後の年間収支が継続的に厳しくなっており、以下の理由が考えられます。

　①教育費負担が増加しています。

　②一郎様と純子様の収入の伸びが止まり、60歳以降は 6 割に減少しています。

● 一郎様退職時に、住宅ローン完済の上で4,000万円を準備できていません。

5－2 資産・負債の問題点

● 資産の換金性、安全性は高いですが、収益性が期待しにくい資産形成になっています。

● 当面は住宅購入資金、教育資金の準備を優先する必要性が高いといえますが、iDeCo や新 NISA 等を活用した資産形成が少なく、将来のインフレ等対策が不足しています。

● 一郎様の収入が大きく減る60歳時に住宅ローンが1,910万円残っています。なお、一郎様退職時の65歳時に1,289万円残っています。

5－3 保障（補償）の問題点

　一郎様、純子様の医療保障がなく、病気等に対する備えが不足しています。

6．問題点に対する解決策

解決策として以下のようなご提案をさせていただきます。

6－1　マンション購入

マンションの購入のメリットとデメリット、賃貸住宅のメリットとデメリットについてまとめると以下のようになります。

	メリット	デメリット
マンション購入	● ローン返済後の居住費負担が少ない。 ● 家賃上昇の心配がない。 ● 資産として残る。 ● 維持管理を他の区分所有者と共同で行える。 ● 死亡した場合、団体信用保険の保険金で住宅ローンの残高が返済される。	● 値下がりした場合、売却損が発生する。 ● 退職時の金融資産が少なくなる。 ● 自然災害等が原因で、資産価がなくなる可能性がある ● 転居が容易でない。
賃貸住宅	● 収入減にも比較的対応しやすい。 ● 転居が容易。 ● ライフステージにあわせた住み替えができる。 ● 最新の設備を備えた住宅に住むことを選択することもできる。	● 生涯にわたり賃料の負担が発生。 ● 高齢期は、賃貸住宅選びの選択肢が狭くなる可能性がある。 ● 家賃上昇のおそれがある。 ● 残された遺族の住居費を考慮すると、生命保険の死亡保障が多く必要。

田中様はマンション購入を前向きにご検討されていることもあり、総合的に勘案した結果、マンションの購入をお勧めいたします。なお、以下の点についても考慮してマンションを購入することをお勧めします。

（1）資産価値

不動産はインフレに強い資産とされ、原材料価格の上昇は不動産価格の上昇要因となります。一方で、インフレ状況下でも、マーケットニーズで値下がりが進行する地域もありますので、資産価値の維持または向上を念頭に検討する必要があります。以下の地域は一般的に価格が下がりにくいといわれています。

● 今後の交通利便性の改善が見込まれる地域

● 商業施設の新設や都市再開発事業計画がある地域

● 子育て世代に手厚い行政を行っている地域

上記を踏まえて、物件の検討をすることをお勧めします。一方で、市町村が作成する地震、洪水、土砂災害、津波等のハザードマップを確認して、購入検討地域が抱える災害リスクを把握することをご提案いたします。その上で、「自然災害リスクをできる限り回避

第7章

できる地域を選択する」または「リスクを受け入れて、保険でカバーすることを前提として購入する」等の対応方法をご検討ください。

（2）住宅ローンの選択

　　住宅ローン金利は、変動金利型が相対的に低く、次いで固定金利期間選択型、全期間固定金利型は最も高くなっています。昨今は変動金利型を選ぶ人が多い傾向があります。インフレの影響などによる今後の金利上昇の可能性を考えると、必ずしも変動金利型住宅ローンがお得とも言い切れません。

　　変動金利型は、年2回金利が見直されますが、返済額の見直しは5年ごとですので金利上昇がすぐに返済額増加とはならない場合もありますが、借入金利が0.5%から1%に上昇すれば利息負担は2倍、0.5%から1.5%に上昇すると利息負担は3倍となり、その分元本が減りにくくなります。変動金利型を利用する場合には、どの程度まで金利が上昇すると、家計が苦しくなるのかを把握したうえで利用することをお勧めします。なお、対策前キャッシュフロー表は、フラット35（下記参照）を利用した試算となっています。田中様には変動金利型と全期間固定金利型の中間である10年固定金利期間選択型の住宅ローンをご提案いたします。本商品のメリット・デメリットは以下のことが考えられます。

- 利息負担をできる限り抑える
- 出産、育児に向けて、想定外の資金負担増加リスクに備えることも可能
- 日本銀行の金融政策により短期金利が上昇し、返済額が増えるリスクを抑える

　　それでは、具体的な事例に基づいて「フラット35」と比較して提案をしていきます。

	フラット35	10年固定金利型	備考
借入金額	4,000万円	4,300万円	＋300万円
借入期間	35年	35年	
金利タイプ	全期間固定	10年固定	
金利（団信込）	当初5年間1.25% 6年目以降2.00%	当初10年間　1.0% 11年目以降　未定	
毎月の返済額	当初5年間　約11.7万円 6年目〜　　約13.0万円	当初10年間約12.5万円 11年目以降　未定	当初5年間　　　約＋8,000円 6年目〜10年目　約▲5,000円 11年目以降　未定
60歳時残高	約1,910万円	約1,938万円	28万円増加
65歳時残高	約1,288万円	約1,283万円	5万円減少

（※1）10年固定金利型は、購入物件の10%以上の頭金があることを条件として、金利引き下げ優遇を受ける可能性があるため、頭金を500万円、借入金を4,300万円で試算しています。60歳時または65歳時の残高は金利が変わらない前提で試算しています。

（※2）フラット35Sの金利Bプランの他、子育てプラス、維持保全型の金利下げも見込まれるため、当初5年間、0.75%の引下げを前提として試算。

借入金額はフラット35より300万円増えていますが、言い換えれば、頭金が300万円少なく済むため、こどもの教育資金の準備、老後資金準備等の資産形成に回す資金を確保できます。10年経過後も借入金利が変わらないことを前提とすると、フラット35を利用する場合と比較して65歳時は5万円、ローン残高が少なくなります。

　なお、新築の省エネ基準適合住宅を2026年に購入する場合、入居した年から13年間、年末借入金残高4,000万円（2024年入居の子育て特例対象個人と同じ場合を想定）を上限として、控除率0.7%を乗じて求めた金額を所得税（引き切れない場合は翌年度の住民税）から控除できます。10年固定金利期間選択型で金利を1.2%とした場合、住宅ローン控除の控除率0.7%と、団体信用生命保険（約0.3%）がローン金利に含まれていることを考えると、金利としては約0.2%の負担で住宅ローンを利用することができ、当社10年間は返済額が増える心配もありません。

　また、一郎様65歳時の借入金残高は約1,283万円です。一郎様の退職金（手取額2,493万円）の半分強を繰上げ返済に充てることで、退職後の住宅ローンの返済負担はなくなります。

（3）住宅ローンの繰上げ返済

　住宅ローンの繰上げ返済は、元本の返済に充当されるため、その元本に対応する部分の利息の負担が軽減されます。家計に余裕ができた時点で繰上げ返済を実行することは家計にはプラスの影響を生み出します。ただし、一郎様の場合、お子様が高校に進学した年以降、年間収支がマイナスになることが想定されることを考えると、積極的に繰上げ返済を実行するよりも、手元資金を確保しつつ、リスク分散を図った上で、投資信託の積立等を実行するほうが、家計が安定すると考えられます。なお、大きく金利が上昇した場合には、余裕資金の範囲で繰上げ返済を行うことで、10年固定金利期間終了後の返済負担の増加を抑えることができます。繰上げ返済は金利動向等で判断することをご提案いたします。

6－2　教育資金の準備プラン

　長く続いたデフレ下でも、教育費は大きく上昇してきました。昨今は、幼稚園の無償化、高等学校就学支援金制度等、家計の教育費の負担を抑える政策が実行されています。各制度を利用しつつ、計画的に教育資金を準備することをご提案いたします。以前は、こども保険や学資保険等で準備する家庭も多く見られましたが、学費の上昇に比べて利率が低く、効率的な資産運用ができているとはいえない状況にあります。基本的な考え方として、高校までの学費は毎月（毎年）の家計調整で教育費の手当てをします。大学教育資金は積み

立て等により事前に計画的に準備し、積立資金で学費を調達することが困難な部分は、国の教育ローンや日本学生支援機構の奨学金を利用する等の方法をご提案いたします。

　一郎様、純子様の場合、マイホーム購入後のご出産をご検討されており、大学進学まで時間的余裕がありますので、手元資金を新NISAのつみたて投資枠を利用して、国内外の株式、債券に分散投資をするバランスファンドに積み立ててはいかがでしょうか。

　お子様の4年間の大学教育資金は約1,034万円が予定されていますが、バランスファンドの平均的な収益率3％よりも少し低めの2％の収益率で運用できるとした場合、月額3.5万円[※]の積立で目的達成が可能です。積立資金の財源の一部として、児童手当を利用することができます（児童手当は高校生まで支給延長が議論されていますが、キャッシュフロー表には反映していません）。

　　（※）20年間、毎年必要となる積立額は「貯蓄目標額×減債基金係数」で求められます。
　　2％を想定：1,034万円×0.0412＝42.6万円→月額換算約3.5万円
　　（参考）3％を想定：1,034万円×0.0372＝38.4万円→月額換算約3.2万円

　なお、上記提案はキャッシュフロー表には直接反映いたしませんが、年運用利益を1.5％と想定しております。

6－3　生命保険

　契約されている収入保障保険で、一郎様が亡くなった場合に月額20万円、純子様が亡くなった場合に月額15万円が支払われますので、基本生活費の全部または大半を手当てできる水準となっています。賃貸住宅住まいを続ける場合には、家賃分の手当ても必要となりますが、2026年にマンションを購入されると一郎様が亡くなられた場合、住宅ローン残高は団体信用生命保険から保険金として払われますので、十分な保障があると考えられます。

　また、一郎様または純子様が亡くなられた場合、ご夫婦の年収はそれぞれ850万円未満と見込まれますので、お子様が18歳到達年度末までは遺族基礎年金が支給されます。遺族基礎年金が高校卒業まで支給されますので、お子様の高校卒業までの教育費については、遺族基礎年金で手当てできることが見込まれます。また、別途、所定の要件のもと遺族厚生年金も支給されますので、より充実した保障になります。

　一方、万一の場合の大学教育資金と病気等になった際の備えは不足しており、別途検討する必要があります。大学の教育資金用に定期保険（保険金額1,000万円程度）や病気等に備えて、医療保険やがん保険を検討されてはいかがでしょうか。

　なお、病気等の治療については、健康保険の高額療養費で自己負担が少なくなる制度、傷病手当金や障害年金等で収入を補う制度もあります。一方、先進医療、差額ベッド代、

自由診療等には健康保険が適用されず、全額自己負担となる部分もありますので、健康保険等の給付内容を確認して、保険で備えたいと考えるようでしたら、加入をご検討してはいかがでしょうか。上記のご提案はキャッシュフロー表には反映いたしません。

6－4　火災保険、地震保険

　マンション購入時に、住宅ローンを利用すると火災保険を付保することとなりますが、地震保険の加入は任意となっています。また、家財保険についても任意となっていますので、付保していない（し忘れる）ケースも多く見られます。

　地震保険の保険金額は、火災保険の保険金額の30〜50％とされ、新築であれば建築年割引が適用されます。万一の被害に備えて、地震保険の付保をご検討されることをお勧めいたします。また、家財保険についても、盗難や水漏れ、台風の被害などに備えて加入をご検討されてはいかがでしょうか。建物の火災保険、地震保険はキャッシュフロー表には反映していますが、家財保険は反映していません。

6－5　自動車保険

　補償内容としては十分と考えます。ご確認いただきたい点は以下のとおりです。

- 弁護士費用特約、個人賠償責任補償特約等の補償は付保されているか。
- 自動車トラブルに対応するサービスは附帯されているか。別途、JAF等に加入されている場合は不要。
  必要であれば、加入を検討されてはいかがでしょうか。
  また、自動車保険料を安くするには以下の方法が考えられます。
- 車両保険を外す。
- 車両保険を一般条件から車対車に限定する。
- 車両保険に免責条件（5万円、10万円）をつける。
- 人身傷害補償保険の補償を外すまたは保険金額を小さくする。
  補償内容と保険料のバランスでご検討してみてはいかがでしょうか。上記のご提案はキャッシュフロー表には反映していません。

6－6　資産形成

　当面は2026年のマイホーム購入に向けて、頭金を確保することが最優先ですが、大学の進学資金や老後資金の準備は、前述のご提案のとおり、新NISAのつみたて投資枠、個人型確定拠出年金（iDeCo）を活用した投資信託の積立てをご検討してはいかがでしょうか。

第7章

個人型確定拠出年金には以下のメリットとデメリットがあります。

- 掛金が所得税・住民税の所得控除の対象となり、毎年の所得税負担が減ること。
- 運用益は非課税であること。
- 60歳以降の受取り時（老齢給付金）には退職所得、公的年金等の雑所得の税制優遇もあること。
- 原則として、脱退することはできない。
- 原則として、60歳に達するまで引き出すことができない。

　制約もあるため、一郎様、純子様は、当面は住宅購入やお子様の高校卒業までの進学資金の準備を優先して、新NISAのつみたて投資枠を活用した投資信託の積立てを少額から始めてみてはいかがでしょうか。

　NISAでは、配当金（分配金）や売却益にかかる20.315％の税率が非課税となり、収益が得られた場合の手取額が多くなります。新NISAのつみたて投資枠は年間120万円ですので、ご夫婦で取り組むと年間240万円まで積立て投資をすることができます。なお、成長投資枠（年間240万円）も積立投資に利用することができます。また、いざというときに現金化することも可能です。

　年金積立金運用独立行政法人による年金資金の運用は、現在、国内外の債券、株式に25％ずつ投資するいわゆるバランスファンドのような運用をしています。2001年度から2023年度までの平均収益率は年3％以上となっています。資産運用に絶対はありませんが、長期にわたって、無理のない範囲で積立て投資をすることにより、リスクを分散することができますし、毎回、同額を積み立てる方法（ドル・コスト平均法）を実施すると、結果的に平均購入単価を平準化することができます。

　仮に、一郎様、純子様が、新NISA等でそれぞれ毎月2万円（年間で2万円×2人×12カ月＝48万円）を25年間にわたり積立投資を実行し、平均収益率2％で複利運用できた場合の25年後の金額は、「年間積立額×年金終価係数」で求めることができます。

- 25年後の金額：48万円×32.0303≒1,537万円

　また、円高による目減り等の可能性もありますが、外国資産、外貨建て商品に投資することは守りと攻めの観点からもよい選択肢です。外貨投資には以下のようなリスク回避・分散効果があります。

- 円安による物価上昇対策となること。
- 世界では人口が増加しており、日本と状況が異なり、今後の経済成長が見込める国や地域があること。

　余裕資金の範囲内で、外国株、外貨建て債券、外貨預金の保有を「インフレ対策」「分

散投資」の観点から検討されてはいかがでしょうか。

　キャッシュフロー表では、新NISAのつみたて投資枠を活用した投資等を前提に、運用利率を0.5%から1.5%に変更しました。

7. 補足のご提案

　上記のご提案でご希望の一郎様65歳時点の金融資産残高（住宅ローン返済後）で4,000万円以上を準備できていますが、想定外のリスク、出来事も考えられますので、以下のご提案もご参考になさってください。

7－1　自動車の買い替えタイミング

　現在のご提案では、自動車の買い替えを6年ごととしていますが、車検のタイミングと合わせて「7年ごと」または「9年ごと」にすることで、家計負担を抑えることができます。

7－2　レンタカー、カーシェアリングへの切り替え

　都市中心部のマンションをご検討とのことですので、自動車を手放し、カーシェアリングやレンタカーを利用することで代替できないかを検討することで、一定の利便性を維持しながら、家計負担を軽減できる可能性があります。

7－3　毎月のランニングコストを抑えるための対策
- 電気、ガス会社の切り替えや統一による割引制度の適用
- 節電効果の高い家電（テレビ、照明、エアコン、冷蔵庫等）への買い替え
- スマホの家族割引、格安スマホ等への切り替え

　上記のご提案はキャッシュフロー表に反映しておりません。

8．対策後のキャッシュフロー表〔図表7－3〕

　以上の対策を踏まえ、対策導入後のキャッシュフロー表を作成しました。枠囲みの部分が改善された部分ですので、対策前と比較してご覧ください。

9．プラン実行により得られる効果

9－1　住宅ローン

　10年固定金利期間選択型の住宅ローンを利用することにより以下の効果があります。

第7章

〔図表7-3〕対策後のキャッシュフロー表

西暦	変動率	2024	2025	2026	2027	2028	2029	2030	2031	2032	2033	2034	2035
一郎様		38	39	40	41	42	43	44	45	46	47	48	49
純子様		35	36	37	38	39	40	41	42	43	44	45	46
お子様					0	1	2	3	4	5	6	7	8
収入													
一郎様の給与収入	1%	460	465	469	474	479	483	488	493	498	503	508	513
純子様の給与収入	1%	284	287	290	0	296	298	301	304	308	311	314	317
住宅ローン控除				28	28	28	27	27	26	25	24	24	23
児童手当					14	18	18	14	12	12	12	12	12
その他					217	← （出産育児一時金、出産手当金、育児休業給付）							
収入計		744	751	787	733	820	827	830	835	843	850	857	865
支出		↓ （こども出産で月3万円増）											
基本生活費	2%	180	184	187	228	232	237	242	247	251	256	262	267
家賃、住宅ローン	−	120	120	151	151	151	151	151	151	151	151	151	151
住宅諸経費	10年ごと10%			40	40	40	40	40	40	40	40	40	40
保険料	−	19	19	24	24	24	24	24	24	24	24	24	24
教育資金	3%	↑ （火災保険、地震保険加入）							46	39	40	47	48
国内旅行	1%	30	30	31	31	31	32	32	32	32	33	33	33
海外旅行	2%		61					68					75
車両関連費	1%					260					276		
出産費用						50							
住宅一時金	−			800	← （頭金）								
その他支出	1%	72	73	73	74	75	76	76	77	78	79	80	80
支出計		421	487	1,306	857	553	559	632	616	616	899	636	718
年間収支		323	265	−519	−125	267	269	198	220	227	−49	222	147
年運用利益	1.5%		23	27	19	18	22	26	30	34	38	37	41
金融資産残高		1,500	1,787	1,295	1,190	1,475	1,766	1,991	2,240	2,501	2,489	2,748	2,936
住宅ローン残高				4,201	4,100	3,998	3,895	3,791	3,685	3,578	3,470	3,360	3,250
金融資産ーローン		1,500	1,787	−2,906	−2,910	−2,523	−2,129	−1,800	−1,445	−1,077	−981	−612	−314

（単位：万円）

2036	2037	2038	2039	2040	2041	2042	2043	2044	2045	2046	2047	2048	2049	2050	2051
50	51	52	53	54	55	56	57	58	59	60	61	62	63	64	65
47	48	49	50	51	52	53	54	55	56	57	58	59	60	61	62
9	10	11	12	13	14	15	16	17	18	19	20	21	22	23	24
						↓（横ばいに）					↓（6割に減少）				
518	524	529	534	539	545	545	545	545	545	545	327	327	327	327	327
320	323	326	330	333	336	340	343	347	347	347	347	347	347	208	208
22	21	20						↑（横ばいに）						↑（6割に減少）	
12	12	12	12	12	12	3									
														（退職金）→	2,493
872	880	888	876	884	893	887	888	891	891	891	673	673	673	535	3,028
												（お子様の独立）↓			
272	278	283	289	295	300	307	313	319	325	332	338	345	352	322	329
151	151	151	151	151	151	151	151	151	151	151	151	151	151	151	151
44	44	44	44	44	44	44	44	44	44	48	48	48	48	48	48
24	24	24	24	24	24	24	24	24	24	24	24	24	24	24	24
50	51	53	55	87	89	92	219	191	197	284	243	250	258		
34	34	34	35	35	36	36	36	37	37	37	38	38	38	39	39
					82					91				100	
			293							311					330
81	82	83	84	84	85	86	87	88	89	90	91	91	92	93	94
656	664	672	973	802	729	739	874	853	1,269	965	932	948	963	778	1,016
217	216	216	−98	83	164	149	14	38	−377	−74	−259	−274	−290	−243	2,012
44	48	52	56	55	57	61	64	65	67	62	62	59	56	52	49
3,197	3,461	3,728	3,687	3,825	4,046	4,255	4,334	4,437	4,126	4,114	3,916	3,701	3,467	3,276	5,337
3,137	3,024	2,909	2,793	2,675	2,556	2,436	2,313	2,190	2,065	1,939	1,811	1,681	1,550	1,418	1,283
60	437	819	894	1,150	1,490	1,819	2,021	2,247	2,061	2,175	2,105	2,020	1,917	1,858	4,054

第7章

171

- 頭金を300万円少なくすることができ、手元資金を厚く、資産形成に取り組む余裕が高まります。
- 10年間の金利上昇リスクを回避できます。
- 住宅ローン控除をより効率的に利用できます。
- 10年経過後に金利が上昇しない前提ですが、全期間固定金利のフラット35よりも、65歳時点の借入残高は少なくなり、一郎様の退職金の半分で住宅ローンを完済できます。

9−2 教育資金、老後資金準備の資産形成

新NISAのつみたて投資枠を利用して、年2％の収益率で運用できた場合、毎月約3.5万円の積立て（一部児童手当を利用）で大学進学資金1,000万円を手当てできます。投資信託の長期積立によるリスク分散を徹底し、運用利率全体として1.5％程度に改善します。以上の提案により、65歳時点の金融資産残高（住宅ローン返済後）が4,000万円を大きく上回ることができました。

住宅ローン返済後の金融資産残高が4,000万円を上回る状況ができていますので、必要に応じて以下の商品の検討もご提案いたします。
- 医療保障の充実（一郎様、純子様の医療保険、がん保険の加入）
- 家財保険（火災保険、地震保険）の付保による自然災害等のリスクへの手当ての充実
- 新NISAのつみたて投資枠を活用した投資信託の積立てに慣れ、家計に余裕が生まれてきた段階で個人型確定拠出年金への加入

10. 終わりに

今回、田中様からのご依頼に基づいて、現状を把握し、その目標を達成すべく、リスクとリターンのバランスを考えたプランをご提案させていただきました。
- ご希望の地域にご希望の新築マンションを購入する。
- お子様の進学プランに基づき、今後の教育費上昇も想定して必要な資金を確保する。
- 退職予定の65歳時に住宅ローン完済でき、4,000万円の資金を確保する。

繰り返しになりますが、どのようなプランにも一定のリスクがあります。たとえば、リスクとして以下のことが考えられます。
- 10年固定金利期間選択型住宅ローンの場合、10年後の金利が上昇した場合には返済負担が増える可能性がある。
- 資産運用で年1.5％の収益率を見込んでいますが、経済情勢によっては損失を被る可能性もある。

- 教育資金が想定以上に上昇する。
- 一郎様、純子様の勤務先の業績が悪化し、収入が増えないまたは減少する。

　だからこそ、このご提案がゴールではなく出発点であり、よいと考えたプランを実行した後も、ご家族や勤務先の状況、経済環境の変化に応じて、適時、見直していく必要がございます。まずは、この提案書をお読みいただきまして、田中様ご一家の現状を把握し、今後の対策をご確認いただき、ご夫婦でじっくり話し合っていただき、最善の選択をしていただく第一歩を踏み出していただければと考えております。また、ご不明な点がございましたら、いつでもお気軽にご連絡くださいませ。

　なお、当プランは、現時点における条件を前提として作成しております。今後も経済情勢や社会制度等の改正が予想されますので、定期的にプランの見直しが必要になるものと存じます。

　プランの実行にあたりましては、田中様ご自身が金融商品・制度等の内容、メリット、デメリット、リスク、注意点を把握されることが重要です。また、税制等につきましては必ず税理士などの専門家にご確認いただくようお願いいたします。

　このプランが田中様のライフプランの実現に少しでもお役に立つことを願ってやみません。これからも、プランの定期的な見直しを通じ、田中様ご一家と末永くお付き合いできることを強く望みつつ、ご報告を終わらせていただきます。

XXXX 年 XX 月 XX 日

ファイナンシャル・プランナー　山田花代

終価係数表（預金複利早見表）

年	1%	2%	3%	4%	5%	6%
1	1.0100	1.0200	1.0300	1.0400	1.0500	1.0600
2	1.0201	1.0404	1.0609	1.0816	1.1025	1.1236
3	1.0303	1.0612	1.0927	1.1249	1.1576	1.1910
4	1.0406	1.0824	1.1255	1.1699	1.2155	1.2625
5	1.0510	1.1041	1.1593	1.2167	1.2763	1.3382
6	1.0615	1.1262	1.1941	1.2653	1.3401	1.4185
7	1.0721	1.1487	1.2299	1.3159	1.4071	1.5036
8	1.0829	1.1717	1.2668	1.3686	1.4775	1.5938
9	1.0937	1.1951	1.3048	1.4233	1.5513	1.6895
10	1.1046	1.2190	1.3439	1.4802	1.6289	1.7908
11	1.1157	1.2434	1.3842	1.5395	1.7103	1.8983
12	1.1268	1.2682	1.4258	1.6010	1.7959	2.0122
13	1.1381	1.2936	1.4685	1.6651	1.8856	2.1329
14	1.1495	1.3195	1.5126	1.7317	1.9799	2.2609
15	1.1610	1.3459	1.5580	1.8009	2.0789	2.3966
16	1.1726	1.3728	1.6047	1.8730	2.1829	2.5404
17	1.1843	1.4002	1.6528	1.9479	2.2920	2.6928
18	1.1961	1.4282	1.7024	2.0258	2.4066	2.8543
19	1.2081	1.4568	1.7535	2.1068	2.5270	3.0256
20	1.2202	1.4859	1.8061	2.1911	2.6533	3.2071
21	1.2324	1.5157	1.8603	2.2788	2.7860	3.3996
22	1.2447	1.5460	1.9161	2.3699	2.9253	3.6035
23	1.2572	1.5769	1.9736	2.4647	3.0715	3.8197
24	1.2697	1.6084	2.0328	2.5633	3.2251	4.0489
25	1.2824	1.6406	2.0938	2.6658	3.3864	4.2919
26	1.2953	1.6734	2.1566	2.7725	3.5557	4.5494
27	1.3082	1.7069	2.2213	2.8834	3.7335	4.8223
28	1.3213	1.7410	2.2879	2.9987	3.9201	5.1117
29	1.3345	1.7758	2.3566	3.1187	4.1161	5.4184
30	1.3478	1.8114	2.4273	3.2434	4.3219	5.7435
31	1.3613	1.8476	2.5001	3.3731	4.5380	6.0881
32	1.3749	1.8845	2.5751	3.5081	4.7649	6.4534
33	1.3887	1.9222	2.6523	3.6484	5.0032	6.8406
34	1.4026	1.9607	2.7319	3.7943	5.2533	7.2510
35	1.4166	1.9999	2.8139	3.9461	5.5160	7.6861
36	1.4308	2.0399	2.8983	4.1039	5.7918	8.1473
37	1.4451	2.0807	2.9852	4.2681	6.0814	8.6361
38	1.4595	2.1223	3.0748	4.4388	6.3855	9.1543
39	1.4741	2.1647	3.1670	4.6164	6.7048	9.7035
40	1.4889	2.2080	3.2620	4.8010	7.0400	10.2857
41	1.5038	2.2522	3.3599	4.9931	7.3920	10.9029
42	1.5188	2.2972	3.4607	5.1928	7.7616	11.5570
43	1.5340	2.3432	3.5645	5.4005	8.1497	12.2505
44	1.5493	2.3901	3.6715	5.6165	8.5572	12.9855
45	1.5648	2.4379	3.7816	5.8412	8.9850	13.7646
46	1.5805	2.4866	3.8950	6.0748	9.4343	14.5905
47	1.5963	2.5363	4.0119	6.3178	9.9060	15.4659
48	1.6122	2.5871	4.1323	6.5705	10.4013	16.3939
49	1.6283	2.6388	4.2562	6.8333	10.9213	17.3775
50	1.6446	2.6916	4.3839	7.1067	11.4674	18.4202
51	1.6611	2.7454	4.5154	7.3910	12.0408	19.5254
52	1.6777	2.8003	4.6509	7.6866	12.6428	20.6969
53	1.6945	2.8563	4.7904	7.9941	13.2749	21.9387
54	1.7114	2.9135	4.9341	8.3138	13.9387	23.2550
55	1.7285	2.9717	5.0821	8.6464	14.6356	24.6503
56	1.7458	3.0312	5.2346	8.9922	15.3674	26.1293
57	1.7633	3.0918	5.3917	9.3519	16.1358	27.6971
58	1.7809	3.1536	5.5534	9.7260	16.9426	29.3589
59	1.7987	3.2167	5.7200	10.1150	17.7897	31.1205
60	1.8167	3.2810	5.8916	10.5196	18.6792	32.9877

現価係数表（必要元本複利早見表）

年	1%	2%	3%	4%	5%	6%
1	0.9901	0.9804	0.9709	0.9615	0.9524	0.9434
2	0.9803	0.9612	0.9426	0.9246	0.9070	0.8900
3	0.9706	0.9423	0.9151	0.8890	0.8638	0.8396
4	0.9610	0.9238	0.8885	0.8548	0.8227	0.7921
5	0.9515	0.9057	0.8626	0.8219	0.7835	0.7473
6	0.9420	0.8880	0.8375	0.7903	0.7462	0.7050
7	0.9327	0.8706	0.8131	0.7599	0.7107	0.6651
8	0.9235	0.8535	0.7894	0.7307	0.6768	0.6274
9	0.9143	0.8368	0.7664	0.7026	0.6446	0.5919
10	0.9053	0.8203	0.7441	0.6756	0.6139	0.5584
11	0.8963	0.8043	0.7224	0.6496	0.5847	0.5268
12	0.8874	0.7885	0.7014	0.6246	0.5568	0.4970
13	0.8787	0.7730	0.6810	0.6006	0.5303	0.4688
14	0.8700	0.7579	0.6611	0.5775	0.5051	0.4423
15	0.8613	0.7430	0.6419	0.5553	0.4810	0.4173
16	0.8528	0.7284	0.6232	0.5339	0.4581	0.3936
17	0.8444	0.7142	0.6050	0.5134	0.4363	0.3714
18	0.8360	0.7002	0.5874	0.4936	0.4155	0.3503
19	0.8277	0.6864	0.5703	0.4746	0.3957	0.3305
20	0.8195	0.6730	0.5537	0.4564	0.3769	0.3118
21	0.8114	0.6598	0.5375	0.4388	0.3589	0.2942
22	0.8034	0.6468	0.5219	0.4220	0.3418	0.2775
23	0.7954	0.6342	0.5067	0.4057	0.3256	0.2618
24	0.7876	0.6217	0.4919	0.3901	0.3101	0.2470
25	0.7798	0.6095	0.4776	0.3751	0.2953	0.2330
26	0.7720	0.5976	0.4637	0.3607	0.2812	0.2198
27	0.7644	0.5859	0.4502	0.3468	0.2678	0.2074
28	0.7568	0.5744	0.4371	0.3335	0.2551	0.1956
29	0.7493	0.5631	0.4243	0.3207	0.2429	0.1846
30	0.7419	0.5521	0.4120	0.3083	0.2314	0.1741
31	0.7346	0.5412	0.4000	0.2965	0.2204	0.1643
32	0.7273	0.5306	0.3883	0.2851	0.2099	0.1550
33	0.7201	0.5202	0.3770	0.2741	0.1999	0.1462
34	0.7130	0.5100	0.3660	0.2636	0.1904	0.1379
35	0.7059	0.5000	0.3554	0.2534	0.1813	0.1301
36	0.6989	0.4902	0.3450	0.2437	0.1727	0.1227
37	0.6920	0.4806	0.3350	0.2343	0.1644	0.1158
38	0.6852	0.4712	0.3252	0.2253	0.1566	0.1092
39	0.6784	0.4619	0.3158	0.2166	0.1491	0.1031
40	0.6717	0.4529	0.3066	0.2083	0.1420	0.0972
41	0.6650	0.4440	0.2976	0.2003	0.1353	0.0917
42	0.6584	0.4353	0.2890	0.1926	0.1288	0.0865
43	0.6519	0.4268	0.2805	0.1852	0.1227	0.0816
44	0.6454	0.4184	0.2724	0.1780	0.1169	0.0770
45	0.6391	0.4102	0.2644	0.1712	0.1113	0.0727
46	0.6327	0.4022	0.2567	0.1646	0.1060	0.0685
47	0.6265	0.3943	0.2493	0.1583	0.1009	0.0647
48	0.6203	0.3865	0.2420	0.1522	0.0961	0.0610
49	0.6141	0.3790	0.2350	0.1463	0.0916	0.0575
50	0.6080	0.3715	0.2281	0.1407	0.0872	0.0543
51	0.6020	0.3642	0.2215	0.1353	0.0831	0.0512
52	0.5961	0.3571	0.2150	0.1301	0.0791	0.0483
53	0.5902	0.3501	0.2088	0.1251	0.0753	0.0456
54	0.5843	0.3432	0.2027	0.1203	0.0717	0.0430
55	0.5785	0.3365	0.1968	0.1157	0.0683	0.0406
56	0.5728	0.3299	0.1910	0.1112	0.0651	0.0383
57	0.5671	0.3234	0.1855	0.1069	0.0620	0.0361
58	0.5615	0.3171	0.1801	0.1028	0.0590	0.0341
59	0.5560	0.3109	0.1748	0.0989	0.0562	0.0321
60	0.5504	0.3048	0.1697	0.0951	0.0535	0.0303

第7章

年金終価係数表（積立預金元利合計額早見表）

年	1%	2%	3%	4%	5%	6%
1	1.0000	1.0000	1.0000	1.0000	1.0000	1.0000
2	2.0100	2.0200	2.0300	2.0400	2.0500	2.0600
3	3.0301	3.0604	3.0909	3.1216	3.1525	3.1836
4	4.0604	4.1216	4.1836	4.2465	4.3101	4.3746
5	5.1010	5.2040	5.3091	5.4163	5.5256	5.6371
6	6.1520	6.3081	6.4684	6.6330	6.8019	6.9753
7	7.2135	7.4343	7.6625	7.8983	8.1420	8.3938
8	8.2857	8.5830	8.8923	9.2142	9.5491	9.8975
9	9.3685	9.7546	10.1591	10.5828	11.0266	11.4913
10	10.4622	10.9497	11.4639	12.0061	12.5779	13.1808
11	11.5668	12.1687	12.8078	13.4864	14.2068	14.9716
12	12.6825	13.4121	14.1920	15.0258	15.9171	16.8699
13	13.8093	14.6803	15.6178	16.6268	17.7130	18.8821
14	14.9474	15.9739	17.0863	18.2919	19.5986	21.0151
15	16.0969	17.2934	18.5989	20.0236	21.5786	23.2760
16	17.2579	18.6393	20.1569	21.8245	23.6575	25.6725
17	18.4304	20.0121	21.7616	23.6975	25.8404	28.2129
18	19.6147	21.4123	23.4144	25.6454	28.1324	30.9057
19	20.8109	22.8406	25.1169	27.6712	30.5390	33.7600
20	22.0190	24.2974	26.8704	29.7781	33.0660	36.7856
21	23.2392	25.7833	28.6765	31.9692	35.7193	39.9927
22	24.4716	27.2990	30.5368	34.2480	38.5052	43.3923
23	25.7163	28.8450	32.4529	36.6179	41.4305	46.9958
24	26.9735	30.4219	34.4265	39.0826	44.5020	50.8156
25	28.2432	32.0303	36.4593	41.6459	47.7271	54.8645
26	29.5256	33.6709	38.5530	44.3117	51.1135	59.1564
27	30.8209	35.3443	40.7096	47.0842	54.6691	63.7058
28	32.1291	37.0512	42.9309	49.9676	58.4026	68.5281
29	33.4504	38.7922	45.2189	52.9663	62.3227	73.6398
30	34.7849	40.5681	47.5754	56.0849	66.4388	79.0582
31	36.1327	42.3794	50.0027	59.3283	70.7608	84.8017
32	37.4941	44.2270	52.5028	62.7015	75.2988	90.8898
33	38.8690	46.1116	55.0778	66.2095	80.0638	97.3432
34	40.2577	48.0338	57.7302	69.8579	85.0670	104.1838
35	41.6603	49.9945	60.4621	73.6522	90.3203	111.4348
36	43.0769	51.9944	63.2759	77.5983	95.8363	119.1209
37	44.5076	54.0343	66.1742	81.7022	101.6281	127.2681
38	45.9527	56.1149	69.1594	85.9703	107.7095	135.9042
39	47.4123	58.2372	72.2342	90.4091	114.0950	145.0585
40	48.8864	60.4020	75.4013	95.0255	120.7998	154.7620
41	50.3752	62.6100	78.6633	99.8265	127.8398	165.0477
42	51.8790	64.8622	82.0232	104.8196	135.2318	175.9505
43	53.3978	67.1595	85.4839	110.0124	142.9933	187.5076
44	54.9318	69.5027	89.0484	115.4129	151.1430	199.7580
45	56.4811	71.8927	92.7199	121.0294	159.7002	212.7435
46	58.0459	74.3306	96.5015	126.8706	168.6852	226.5081
47	59.6263	76.8172	100.3965	132.9454	178.1194	241.0986
48	61.2226	79.3535	104.4084	139.2632	188.0254	256.5645
49	62.8348	81.9406	108.5406	145.8337	198.4267	272.9584
50	64.4632	84.5794	112.7969	152.6671	209.3480	290.3359
51	66.1078	87.2710	17.1808	159.7738	220.8154	308.7561
52	67.7689	90.0164	121.6962	167.1647	232.8562	328.2814
53	69.4466	92.8167	126.3471	174.8513	245.4990	348.9783
54	71.1410	95.6731	131.1375	182.8454	258.7739	370.9170
55	72.8525	98.5865	136.0716	191.1592	272.7126	394.1720
56	74.5810	101.5583	141.1538	199.8055	287.3482	418.8223
57	76.3268	104.5894	146.3884	208.7978	302.7157	444.9517
58	78.0901	107.6812	151.7800	218.1497	318.8514	472.6488
59	79.8710	110.8348	157.3334	227.8757	335.7940	502.0077
60	81.6697	114.0515	163.0534	237.9907	353.5837	533.1282

減債基金係数表 (年間積立必要額早見表)

年	1%	2%	3%	4%	5%	6%
1	1.0000	1.0000	1.0000	1.0000	1.0000	1.0000
2	0.4975	0.4950	0.4926	0.4902	0.4878	0.4854
3	0.3300	0.3268	0.3235	0.3203	0.3172	0.3141
4	0.2463	0.2426	0.2390	0.2355	0.2320	0.2286
5	0.1960	0.1922	0.1884	0.1846	0.1810	0.1774
6	0.1625	0.1585	0.1546	0.1508	0.1470	0.1434
7	0.1386	0.1345	0.1305	0.1266	0.1228	0.1191
8	0.1207	0.1165	0.1125	0.1085	0.1047	0.1010
9	0.1067	0.1025	0.0984	0.0945	0.0907	0.0870
10	0.0956	0.0913	0.0872	0.0833	0.0795	0.0759
11	0.0865	0.0822	0.0781	0.0741	0.0704	0.0668
12	0.0788	0.0746	0.0705	0.0666	0.0628	0.0593
13	0.0724	0.0681	0.0640	0.0601	0.0565	0.0530
14	0.0669	0.0626	0.0585	0.0547	0.0510	0.0476
15	0.0621	0.0578	0.0538	0.0499	0.0463	0.0430
16	0.0579	0.0537	0.0496	0.0458	0.0423	0.0390
17	0.0543	0.0500	0.0460	0.0422	0.0387	0.0354
18	0.0510	0.0467	0.0427	0.0390	0.0355	0.0324
19	0.0481	0.0438	0.0398	0.0361	0.0327	0.0296
20	0.0454	0.0412	0.0372	0.0336	0.0302	0.0272
21	0.0430	0.0388	0.0349	0.0313	0.0283	0.0250
22	0.0409	0.0366	0.0327	0.0292	0.0260	0.0230
23	0.0389	0.0347	0.0308	0.0273	0.0241	0.0213
24	0.0371	0.0329	0.0290	0.0256	0.0225	0.0197
25	0.0354	0.0312	0.0274	0.0240	0.0210	0.0182
26	0.0339	0.0297	0.0259	0.0226	0.0196	0.0169
27	0.0324	0.0283	0.0246	0.0212	0.0183	0.0157
28	0.0311	0.0270	0.0233	0.0200	0.0171	0.0146
29	0.0299	0.0258	0.0221	0.0189	0.0160	0.0136
30	0.0287	0.0246	0.0210	0.0178	0.0151	0.0126
31	0.0277	0.0236	0.0200	0.0169	0.0141	0.0118
32	0.0267	0.0226	0.0190	0.0159	0.0133	0.0110
33	0.0257	0.0217	0.0182	0.0151	0.0125	0.0103
34	0.0248	0.0208	0.0173	0.0143	0.0118	0.0096
35	0.0240	0.0200	0.0165	0.0136	0.0111	0.0090
36	0.0232	0.0192	0.0158	0.0129	0.0104	0.0084
37	0.0225	0.0185	0.0151	0.0122	0.0098	0.0079
38	0.0218	0.0178	0.0145	0.0116	0.0093	0.0074
39	0.0211	0.0172	0.0138	0.0111	0.0088	0.0069
40	0.0205	0.0166	0.0133	0.0105	0.0083	0.0065
41	0.0199	0.0160	0.0127	0.0100	0.0078	0.0061
42	0.0193	0.0154	0.0122	0.0095	0.0074	0.0057
43	0.0187	0.0149	0.0117	0.0091	0.0070	0.0053
44	0.0182	0.0144	0.0112	0.0087	0.0066	0.0050
45	0.0177	0.0139	0.0108	0.0083	0.0063	0.0047
46	0.0172	0.0135	0.0104	0.0079	0.0059	0.0044
47	0.0168	0.0130	0.0100	0.0075	0.0056	0.0041
48	0.0163	0.0126	0.0096	0.0072	0.0053	0.0039
49	0.0159	0.0122	0.0092	0.0069	0.0050	0.0037
50	0.0155	0.0118	0.0089	0.0066	0.0048	0.0034
51	0.0151	0.0115	0.0085	0.0063	0.0045	0.0032
52	0.0148	0.0111	0.0082	0.0060	0.0043	0.0030
53	0.0144	0.0108	0.0079	0.0057	0.0041	0.0029
54	0.0141	0.0105	0.0076	0.0055	0.0039	0.0027
55	0.0137	0.0101	0.0073	0.0052	0.0037	0.0025
56	0.0134	0.0098	0.0071	0.0050	0.0035	0.0024
57	0.0131	0.0096	0.0068	0.0048	0.0033	0.0022
58	0.0128	0.0093	0.0066	0.0046	0.0031	0.0021
59	0.0125	0.0090	0.0064	0.0044	0.0030	0.0020
60	0.0122	0.0088	0.0061	0.0042	0.0028	0.0019

第7章

年金現価係数表（年金必要元本額早見表）

年	1%	2%	3%	4%	5%	6%
1	0.9901	0.9804	0.9709	0.9615	0.9524	0.9434
2	1.9704	1.9416	1.9135	1.8861	1.8594	1.8334
3	2.9410	2.8839	2.8286	2.7751	2.7232	2.6730
4	3.9020	3.8077	3.7171	3.6299	3.5460	3.4651
5	4.8534	4.7135	4.5797	4.4518	4.3295	4.2124
6	5.7955	5.6014	5.4172	5.2421	5.0757	4.9173
7	6.7282	6.4720	6.2303	6.0021	5.7864	5.5824
8	7.6517	7.3255	7.0197	6.7327	6.4632	6.2098
9	8.5660	8.1622	7.7861	7.4353	7.1078	6.8017
10	9.4713	8.9826	8.5302	8.1109	7.7217	7.3601
11	10.3676	9.7868	9.2526	7.7605	8.3064	7.8869
12	11.2551	10.5753	9.9540	9.3851	8.8633	8.3838
13	12.1337	11.3484	10.6350	9.9856	9.3936	8.8527
14	13.0037	12.1062	11.2961	10.5631	9.8986	9.2950
15	13.8651	12.8493	11.9379	11.1184	10.3797	9.7122
16	14.7179	13.5777	12.5611	11.6523	10.8378	10.1059
17	15.5623	14.2919	13.1661	12.1657	11.2741	10.4773
18	16.3983	14.9920	13.7535	12.6593	11.6896	10.8276
19	17.2260	15.6785	14.3238	13.1339	12.0853	11.1581
20	18.0456	16.3514	14.8775	13.5903	12.4622	11.4699
21	18.8570	17.0112	15.4150	14.0292	12.8212	11.7641
22	19.6604	17.6580	15.9369	14.4511	13.1630	12.0416
23	20.4558	18.2922	16.4436	14.8568	13.4886	12.3034
24	21.2434	18.9139	16.9355	15.2470	13.7986	12.5504
25	22.0232	19.5235	17.4131	15.6221	14.0939	12.7834
26	22.7952	20.1210	17.8768	15.9828	14.3752	13.0032
27	23.5596	20.7069	18.3270	16.3296	14.6430	13.2105
28	24.3164	21.2813	18.7641	16.6631	14.8981	13.4062
29	25.0658	21.8444	19.1885	16.9837	15.1411	13.5907
30	25.8077	22.3965	19.6004	17.2920	15.3725	13.7648
31	26.5423	22.9377	20.0004	17.5885	15.5928	13.9291
32	27.2696	23.4683	20.3888	17.8736	15.8027	14.0840
33	27.9897	23.9886	20.7658	18.1476	16.0025	14.2302
34	28.7027	24.4986	21.1318	18.4112	16.1929	14.3681
35	29.4086	24.9986	21.4872	18.6646	16.3742	14.4982
36	30.1075	25.4888	21.8323	18.9083	16.5469	14.6210
37	30.7995	25.9695	22.1672	19.1426	16.7113	14.7368
38	31.4847	26.4406	22.4925	19.3679	16.8679	14.8460
39	32.1630	26.9026	22.8082	19.5845	17.0170	14.9491
40	32.8347	27.3555	23.1148	19.7928	17.1591	15.0463
41	33.4997	27.7995	23.4124	19.9931	17.2944	15.1380
42	34.1581	28.2348	23.7014	20.1856	17.4232	15.2245
43	34.8100	28.6616	23.9819	20.3708	17.5459	15.3062
44	35.4555	29.0800	24.2543	20.5488	17.6628	15.3832
45	36.0945	29.4902	24.5187	20.7200	17.7741	15.4558
46	36.7272	29.8923	24.7754	20.8847	17.8801	15.5244
47	37.3537	30.2866	25.0247	21.0429	17.9810	15.5890
48	37.9740	30.6731	25.2667	21.1951	18.0772	15.6500
49	38.5881	31.0521	25.5017	21.3415	18.1687	15.7076
50	39.1961	31.4236	25.7298	21.4822	18.2559	15.7619
51	39.7981	31.7878	25.9512	21.6175	18.3390	15.8131
52	40.3942	32.1449	26.1662	21.7476	18.4181	15.8614
53	40.9844	32.4950	26.3750	21.8727	18.4934	15.9070
54	41.5687	32.8383	26.5777	21.9930	18.5651	15.9500
55	42.1472	33.1748	26.7744	22.1086	18.6335	15.9905
56	42.7200	33.5047	26.9655	22.2198	18.6985	16.0288
57	43.2871	33.8281	27.1509	22.3267	18.7605	16.0649
58	43.8486	34.1452	27.3310	22.4296	18.8195	16.0990
59	44.4046	34.4561	27.5058	22.5284	18.8758	16.1311
60	44.9550	34.7609	27.6756	22.6235	18.9293	16.1614

資本回収係数表（受取年金額早見表）

年	1%	2%	3%	4%	5%	6%
1	1.0100	1.0200	1.0300	1.0400	1.0500	1.0600
2	0.5075	0.5150	0.5226	0.5302	0.5378	0.5454
3	0.3400	0.3468	0.3535	0.3603	0.3672	0.3741
4	0.2563	0.2626	0.2690	0.2755	0.2820	0.2886
5	0.2060	0.2122	0.2184	0.2246	0.2310	0.2374
6	0.1725	0.1785	0.1846	0.1908	0.1970	0.2034
7	0.1486	0.1545	0.1605	0.1666	0.1728	0.1791
8	0.1307	0.1365	0.1425	0.1485	0.1547	0.1610
9	0.1167	0.1225	0.1284	0.1345	0.1407	0.1470
10	0.1056	0.1113	0.1172	0.1233	0.1295	0.1359
11	0.0965	0.1022	0.1081	0.1141	0.1204	0.1268
12	0.0888	0.0946	0.1005	0.1066	0.1128	0.1193
13	0.0824	0.0881	0.0940	0.1001	0.1065	0.1130
14	0.0769	0.0826	0.0885	0.0947	0.1010	0.1076
15	0.0721	0.0778	0.0838	0.0899	0.0963	0.1030
16	0.0679	0.0737	0.0796	0.0858	0.0923	0.0990
17	0.0643	0.0700	0.0760	0.0822	0.0887	0.0954
18	0.0610	0.0667	0.0727	0.0790	0.0855	0.0924
19	0.0581	0.0638	0.0698	0.0761	0.0827	0.0896
20	0.0554	0.0612	0.0672	0.0736	0.0802	0.0872
21	0.0530	0.0588	0.0649	0.0713	0.0780	0.0850
22	0.0509	0.0566	0.0627	0.0692	0.0760	0.0830
23	0.0489	0.0547	0.0608	0.0673	0.0741	0.0813
24	0.0471	0.0529	0.0590	0.0656	0.0725	0.0797
25	0.0454	0.0512	0.0574	0.0640	0.0710	0.0782
26	0.0439	0.0497	0.0559	0.0626	0.0696	0.0769
27	0.0424	0.0483	0.0546	0.0612	0.0683	0.0757
28	0.0411	0.0470	0.0533	0.0600	0.0671	0.0746
29	0.0399	0.0458	0.0521	0.0589	0.0660	0.0736
30	0.0387	0.0446	0.0510	0.0578	0.0651	0.0726
31	0.0377	0.0436	0.0500	0.0569	0.0641	0.0718
32	0.0367	0.0426	0.0490	0.0559	0.0633	0.0710
33	0.0357	0.0417	0.0482	0.0551	0.0625	0.0703
34	0.0348	0.0408	0.0473	0.0543	0.0618	0.0696
35	0.0340	0.0400	0.0465	0.0536	0.0611	0.0690
36	0.0332	0.0392	0.0458	0.0529	0.0604	0.0684
37	0.0325	0.0385	0.0451	0.0522	0.0598	0.0679
38	0.0318	0.0378	0.0445	0.0516	0.0593	0.0674
39	0.0311	0.0372	0.0438	0.0511	0.0588	0.0669
40	0.0305	0.0366	0.0433	0.0505	0.0583	0.0665
41	0.0299	0.0360	0.0427	0.0500	0.0578	0.0661
42	0.0293	0.0354	0.0422	0.0495	0.0574	0.0657
43	0.0287	0.0349	0.0417	0.0491	0.0570	0.0653
44	0.0282	0.0344	0.0412	0.0487	0.0566	0.0650
45	0.0277	0.0339	0.0408	0.0483	0.0563	0.0647
46	0.0272	0.0335	0.0404	0.0479	0.0559	0.0644
47	0.0268	0.0330	0.0400	0.0475	0.0556	0.0641
48	0.0263	0.0326	0.0396	0.0472	0.0553	0.0639
49	0.0259	0.0322	0.0392	0.0469	0.0550	0.0637
50	0.0255	0.0318	0.0389	0.0466	0.0548	0.0634
51	0.0251	0.0315	0.0385	0.0463	0.0545	0.0632
52	0.0248	0.0311	0.0382	0.0460	0.0543	0.0630
53	0.0244	0.0308	0.0379	0.0457	0.0541	0.0629
54	0.0241	0.0305	0.0376	0.0455	0.0539	0.0627
55	0.0237	0.0301	0.0373	0.0452	0.0537	0.0625
56	0.0234	0.0298	0.0371	0.0450	0.0535	0.0624
57	0.0231	0.0296	0.0368	0.0448	0.0533	0.0622
58	0.0228	0.0293	0.0366	0.0446	0.0531	0.0621
59	0.0225	0.0290	0.0364	0.0444	0.0530	0.0620
60	0.0222	0.0288	0.0361	0.0442	0.0528	0.0619

第7章

語句索引

memo

memo

memo